人的資源管理のフロンティア

野瀬正治 編著

河野俊明
太田康嗣
山中俊之
武内宏之

大学教育出版

はじめに

　戦後構築され発展してきたわが国の人事労務管理制度は、企業を取り巻く環境変化に対応し、昨今特に大きく変化しようとしている。その変化は、質的変化であり、従来の延長線上での変化ではない。従来の慣行と決別をしながら変貌を遂げていっている。その背景には、グローバル化の進展が国際競争力の必要性を高め、単にコスト面での競争力ばかりでなく付加価値の高い企業活動、産業構造を求めていることがある。さらに、それを支えリードすべき行政や分権化時代の地域経営のあり方も抜本的変革が求められている。加えて、情報通信技術の革新はあらゆる領域でこれまでの関係を根底から変化させており、新時代に適合した人と企業・行政・地域社会の関係の再構築が求められている。

　本書ではこうした変化を踏まえ、新時代の人的資源管理の新しい試みについて、具体的事例をとおして、従来のパラダイムが崩れ新たなパラダイムの構築が求められる時代のなかで、人材が、企業、行政そして地域とどのような関係をつくろうとしているかを、現在の社会システムの抱える問題点を明確にしながら検討する。すなわち、人的資源管理のフロンティアを、個別テーマ：①研究者・技術者の人的資源管理、②国・地方公務員の人的資源管理、③地域社会での人的資源管理、などの視点から、象徴的事例を具体的に分析して変化する人的資源管理を検討する。

　まず序章では、これまでの人事管理の経緯と変化を概観し、現在の人事管理の位置づけを押さえる。そして、第1章「研究者・技術者の雇用管理 ── 雇用システムの視点から ──」では、付加価値重視の経営において、その源泉となる研究者・技術者と企業との関係を、人事管理上の現在の問題点を踏まえながら、新たな取り組みとしてオーストラリアの事例を素材に、新時代の交渉システムについて検討する。

　次いで、第2章「地域経済における人的資源管理問題」では、地方分権化や地域間競争激化の時代において、地域産業を活性化するために人材が重要な位

置づけにあることを指摘し、また実践面においては、地域経営における人材マネジメントとして多様な優秀人材の獲得を初め、大学などによる地域への人材供給と教育など、地域への人的資源の集積がこれからの地域経済発展の重要戦略であることを論じる。

第3章「地方公共団体における人材適正配置モデル──ホランドモデルの応用──」では、地方行政改革における職員の適正配置問題について具体的事例をとおして検討する。すなわち、団塊の世代の大量退職を目前にし、限られた人員で現在の水準を維持し業務を行っていくためには、徹底した「適材適所」による効率性の向上が不可欠で、具体的には、ホランド理論をベースにした業務と人材とのマッチングモデルの紹介を通して、地方公共団体における適材配置を検討する。

第4章「公務員人事制度改革とコンピテンシー──改革期の行政・人事改革の出発点──」では、具体的事例によりコンピテンシー制度利用のあり方を分析し、新時代の公務員における人事制度を検討する。その背景には、1998年の中央省庁等改革基本法に象徴されるように、国家公務員のあり方の見直しが進んでいるなか、特に、国家公務員の人事制度改革について、年功主義から能力主義への移行が打ち出され、能力等級制度の導入の議論や能力把握のあり方の議論が盛んであることがある。

そして、第5章「日本企業における人的資源管理の適正化」では、特に変革期にある1990年代を分析するとともに、医薬業界の事例分析により新時代の人事管理を検討する。また、「情報化社会での人的資本蓄積」と「豊かな時代の競争原理」をキーワードにこれまで良好な関係にあった日本企業の労使関係の発展的解消と、それに代わる企業と個人のより良い関係づくり（WIN／WIN）について論じる。

本書では、これら大きく5つの議論をとおして、人的資源管理の新たな取り組みを研究しそれぞれの視点から提言を行う。

なお、各研究論文は私的な研究会「経営労働研究会」での議論等を経て収録した。関係者の方々のご支援に心から感謝を申し上げる。

2004年2月　　　　　　　　　　　　　　　　　　　　　　　　野瀬　正治

人的資源管理のフロンティア
目　次

はじめに ……………………………………………………………………… i
序　章　人的資源管理の今日的課題 ……………………………………… 1
第1章　研究者・技術者の雇用管理――雇用システムの視点から―― ……… 10
　　はじめに　10
　　1．雇用システムにおける問題点　11
　　2．集団的雇用管理と個別的雇用管理　16
　　　（1）集団的雇用管理から個別的雇用管理への移行　16
　　　（2）職務発明と相当の対価に対する研究者等の意識　17
　　　（3）オーストラリア職場協定AWAsからの示唆　20
　　3．研究者・技術者と企業間の調整推進者　24
　　4．研究者・技術者に対する個別的インセンティブ報酬システムの方向性　26
　　5．結　び　30
　　＜補論＞研究者・技術者を取り巻く諸問題（概観）　35

第2章　地域経済における人的資源管理問題 ………………………………41
　　1．地域経済における人的資源の重要性　41
　　　（1）地域経済と人的資源問題の現状　41
　　　（2）地域経済の発展に不可欠な人的資源　45
　　2．地域経済に求められる人的資源とは　49
　　　（1）地域経済発展の方向性と必要施策　49
　　　（2）地域経済に必要とされる知識・知恵、能力　51
　　3．人的資源管理に関わる問題点　53
　　　（1）地域的な格差・偏り――東京に集中する人的資源――　53
　　　（2）教育・育成システムの不備――地域での教育・訓練体制の遅れ――　56
　　　（3）能力発揮に関わる制約　57
　　4．地域経済における人的資源管理　61
　　　（1）人的資源に関する戦略策定　61
　　　（2）人的資源の管理に向けた取組み　62
　　　（3）具体的施策の提案　67

第3章　地方公共団体における適材配置モデル
―― ホランドモデルの応用 ―― ………………74

1．地方公共団体における適材配置の現状と問題点　*74*
  (1) 地方公共団体における適材配置の現状　*74*
  (2) 地方公共団体における人材配置の問題点　*75*
  (3) 地方公共団体の仕事　*76*
2．地方公共団体における適材配置モデル　*78*
  (1) ホランドの職業選択理論　*78*
  (2) 地方公共団体への応用モデル　*79*
  (3) ホランドモデルによるHRMの可能性　*80*
3．結びに代えて（ホランドモデルを応用した適材配置モデルの課題と展望）
　　　　　　　　　　　　　　　　　　　　　　　　　　　　　89

第4章　公務員人事制度改革とコンピテンシー
―― 改革期の行政・人事改革の出発点 ―― ………………90

はじめに　*90*
1．コンピテンシーとは　*91*
2．コンピテンシーを活用した人事改革の方向性　*97*
3．自治体におけるコンピテンシーの具体的活用 ―― 加賀市の例 ――　*104*
4．コンピテンシーの限界と課題　*115*
5．結びに代えて ―― コンピテンシーを用いた霞ヶ関改革 ――　*117*

第5章　日本企業における人的資源管理の適正化
―― 失われた10年からの脱却 ―― ………………122

はじめに　*123*
1．同時代的視点による1990年代 ―― 労働経済の立場から ――　*124*
  (1) 転換点としての1990年代　*124*
  (2) 市場型成果主義人事の登場　*127*
  (3) 失われた10年と豊かな時代の競争原理　*129*

2．企業収益と成果主義人事制度 —— 医薬業界における事例 —— *133*
　(1) 医療業界の動向　*133*
　(2) 企業の情報基盤の拡充　*137*
　(3) 成果主義人事制度の導入効果（実証分析・1995年）　*140*

3．企業と個人の協調　*146*
　(1) 業績評価における組織と個人の関係　*146*
　(2) 職種別格差に見られる人的資本（HC）蓄積過程の違い　*148*
　(3) イノベーションを生み出す個人とその資質　*152*

4．失われた10年からの脱却　*155*
　(1) 情報化社会におけるHC蓄積プロセスの転換　*156*
　(2) 豊かさの共有 —— 企業と個人のWIN／WINな関係 ——　*160*

索　引 ………………………………………………………………… *165*

―― 執筆担当章一覧 ――

野瀬　正治 …………………………序章・第1章

河野　俊明 ………………………………第2章

太田　康嗣 ………………………………第3章

山中　俊之 ………………………………第4章

武内　宏之 ………………………………第5章

序　章

人的資源管理の今日的課題

　戦後のわが国の人事管理がどのように発展し、そして現在どのような状況にあるかについて概観する。

1．人事・労務管理の変遷

　これまでの人事管理制度の変遷を4つに区分して把握すると、第1段階は、1945年からの10年間で、戦後の人事管理制度の模索期である。第2段階は、1955年からの20年間で、高度経済成長期における人事管理制度の形成・定着期である。第3段階は、1975年からの15年間で、人事管理制度の成熟期である。そして、第4段階は、1990年から現在に至るまでの人事管理制度の転換期である。
　第1段階（人事管理制度模索期1945年～1955年）は、わが国の経済実態が困窮を極めたなかからの復興の時期にあたるとともに、戦前、戦中からの社会システムが大きく変化するのに伴って人事制度のあり方も再考された時期である。この段階は、戦後の混乱期のなかで新たな社会システムと企業活動に適したわが国固有の人事制度の模索期として位置づけられる。特に、この時期アメリカからの影響は強く、職務給的な人事管理の考え方が検討された時期でもある。国家公務員の人事管理の基礎となる「国家公務員の職階制に関する法律」は1950年に制定されているが、制度上はその基礎に職務給的な考え方がある。また、敗戦後の復興期にもあたり、生活的要素が人事管理制度に強く反映され、

電気産業型賃金制度が芽生え、その後のわが国の賃金制度の基礎となっている。

　第2段階（人事管理制度形成・定着期1955年～1975年）は、池田内閣の所得倍増計画や春闘が登場し、その後高度成長を果たすなど、いわゆる日本的経営（終身雇用制、年功制、企業内労働組合）を核にした人事管理制度が形成された時期である。その前提には、豊富な若年労働者、右肩上がりの経済成長、企業成長、そして優れた生産技術などがあった。この時期に形成された人事管理制度は、年功的職能資格人事制度と呼ばれるもので、担当職務を直接処遇に連動させるのではなく、職能資格（職階）をとおして人事管理をするものである。この年功的職能資格を人事制度のフレームワークとして、賃金を初め、評価、教育、配置などが決定された。

　当時の年功的職能資格人事制度の特徴を何点か挙げると、①昇格（職能資格等級が上に上がること）と昇進（役職が上に上がること）が分離されている点、②仕事に対する賃金ではなく、職能給としての賃金である点、③評価（人事考課）が保有能力に対して実施される点、などが挙げられる。

　①について職能資格制度の特徴を述べると、職能資格は職務内容により決定されるというよりは、保有能力により決定されるとともに、昇格に標準年数や最短年数などが設定されその運用が年功的になりがちである点、が指摘できる。②の特徴は、職能給は担当職務に直接関係なく結果として毎年の賃上げ（定昇・ベア）によりアップするという点である。しかも、評価される仕組みになっているとはいっても、最悪の評価を受けても一般的に相当額の定昇がある仕組みになっている。そのため、職能資格等級が低くても累積型の賃金なので、上位等級の職能給を超えるケースも多々ある点である。そして、最大の特徴は、職務・業績との関連が薄いという点で、当時では本人の保有能力に連動している場合が多かった。その結果、単年度でみると本人の職務実績と賃金に乖離が生じることが多かったが、その乖離は不公正なものとはみなされず、終身雇用の中で調整が図られると解釈されていた。

　第3段階（人事管理制度の成熟期1975年～1990年）は、オイルショックを経て低成長の時代とバブル時代での変化である。低成長経済への移行は、人事管理制度に大きく影響を与えた。それまでの重要な前提であった右肩上がりの経

済や企業成長が大きく鈍化したことが、前述の第2段階で構築され普及した年功的職能資格制度を維持できなくしたのである。加えて、社会における年齢構成、学歴構成が高くなってきたことも大きく影響している。その結果、能力主義重視の職能資格人事制度への転換が進んだ。

年功を重視する人事管理システムでは、企業の効率性追求は一般的に損なわれるため、単なる年功ではなく能力をかなり重視した人事システムへの脱皮が必要になったのである。こうした対応は確かに当時においては革新的なものであったが、能力という目に見えないものをどのように具体的に処遇に反映させるかの問題をはらんでいた。その対策として、この時代では能力要件書（職能マニュアル）の充実により、少しでも客観性を持たせようとする努力が払われた。さらに、この時代の特徴には、人事考課における評価スタイルとして、相対評価に加えて絶対評価が普及した点も挙げられる。絶対評価は、人事考課の具体的な基準に照らして良し悪しを判断するもので、必ずしも一定割合で良い評価の者が存在するものではないし、悪い評価の者が必ずしも一定割合存在するものでもない。こうした絶対評価もこの時代における能力主義転換への取り組みの1つである。

第4段階（人事管理制度転換期1990年〜）は、バブル崩壊後の経済状況下（デフレや経済指標の右肩下がり）での人事管理制度の変化である。企業を取り巻く経済環境の悪化がその変化のきっかけになったことは歪めない事実であるが、問題はそれだけでなく、前述の年齢や学歴など労務構成の変化に加えて国際競争の激化、技術革新の進展などが大きく影響している。そしてこの変化は今なお進行しており、そこでの基本的対応はたとえ景気回復によっても変更されるものではなく、加速度的に企業の効率性と付加価値の追求がなされ、規制緩和の進展とともに企業倫理面も重視される時代になっている。

このようなトレンドの底流にある人事管理制度面の変化の特徴の1つは、人事管理制度における人材の個別管理化である。現行制度で例示すれば、能力主義管理に加えて個人別成果主義の導入や、職能給のみならず役割給や業績給などの導入、あるいは職能給の縮小と仕事給の拡大など、が挙げられる。そこでは、人事管理の基本が従来のような集団画一主義、減点主義的な管理から、異

質異能を尊重する加点主義的な個人重視の人事管理への移行が進んでいる。こうしたなかで、ベアの廃止や定昇の見直しも拡大しているのである。

また、この第4段階は、個人と企業の関係について、企業の個人に対する管理ばかりでなく個人から企業へのアプローチにも変化が生じ始めた時代でもある。もとより企業は多様化した社会ニーズに対応するため、その時々に必要とする能力を有する社員を最大限に活用することが求められているが、働く側からすれば、労働市場の規制緩和や職務内容の多様化・高度化などにより、個人の選択肢が増え活躍のチャンスも拡大している。また、同一価値労働同一賃金の考え方も欧米に比べればまだまだの感が強いが、パート処遇の基本議論にみられるように、少しずつではあるが均等待遇が進展し、働き方に対する個人の選択も合理的に実践できるようになろうとしている。

一方、産業界の人事労務管理における方針転換は、1995年の『新時代の「日本的経営」』で日経連により提唱された多様な雇用管理、すなわち、雇用管理の形態を3区分（①従来の終身雇用、②専門知識・技能による雇用、③短勤続を前提にした雇用）により、時代に合った効率的経営を図る提言にみることができる。留意すべき点は、こうした新たな提言が企業を取り巻く環境を踏まえてなされており、企業行動のトレンドを示している点である。実際、国際競争力低下のなかで、各企業は従来の経営のあり方を見直し、現在、効率的経営への転換を余儀なくされているところである。

こうした状況において企業の人事管理面の問題点の1つは、人事施策も含めて企業サイドでの新たな実践が進んでいないことがある。理由として、新たな施策の実践が、これまでの取組みを抜本的に見直す、質的な改革を伴うため、過去からの経緯の延長線上での実践を考えるとするなら、企業経営当事者には決断しにくいことが多々あるためである。さらに、社会のパラダイム転換が進むこの時代では、企業の問題とはいっても社会の慣行、ルールのなかで企業は判断・実践をせざるを得ないため、個々の企業だけでは変革できないことも多くなっていることがある。この種の課題は山積しているが、次項では、特に、個人・企業間の交渉制度の視点、地域経済と人材の視点および公務員人事制度の視点から若干の検討を加える。

2．個人・企業間の交渉制度の視点

　わが国の個人と企業間の関係は、基本的には労働協約、就業規則、労働契約に律せられる。この枠組みのなかで、個人は企業と交渉・折衝を行い諸々のルールを決めることになる。このフレームワークは、戦後まもなく構築され、それ以後時代に合わせて改正・修正がされてはいるものの、集団的な雇用管理を前提にしている点では大きな変更はない。しかしながら、時代は、集団的な活動のみならず個人の活躍を期待するとともに個人を尊重する時代になっている。換言すれば、経営サイドは、付加価値の創出、経営効率の促進の視点において、個人の活躍が組織面、制度面から期待できるように、現状を変革させなければならない、という課題に直面しているのである。

　これを人事制度の変化でみると、従来に比して現在は、確かに、仕事面において個人の発意を尊重し、人事考課もその発意や実績に照らして実施する制度が急速に普及し始めてはいるものの、その一方では本質的な点では変化はなく、個人は依然として多くの場合、企業との交渉・折衝の仕組みを持っていないのである。すなわち、上司との面談・面接とはいっても、業務や職務の確認であったり、達成目標の調整であったりすることが多く、処遇に限れば集団的画一的基準を重視した労働協約で定められた包括的ルールやはり集団的基準を重視した就業規則による画一的ルールに個人は拘束されている。交渉・折衝の余地は少ない人事管理のシステムにより律せられている。

　留意すべき点は、旧来からの交渉・折衝システムの自由度が、時代の変化した現在、構造的に不足している点である。特に、そのことが顕著に現れるのが、研究者・技術者も服している従来型の日本的人事システムである。少なくとも、研究者・技術者と業務内容や役割期待が異なる職種に適応される人事制度と研究者・技術者に適応される人事制度が同じでは、研究者・技術者の職務特性に合った処遇が行き届きにくい。個人の創意工夫や創造性が付加価値の源泉となるこれからの時代において、インセンティブのある合理的な処遇を考えると、現在の人事管理システムはやや柔軟性に欠けるのである。

3．地域経済と人材

　わが国における地域経済発展の必要性が各方面から求められるなか、これからの地域経済発展に大きく影響を与えるのは、その源泉となる知識・知恵、能力を有するまさに人的資源の集積度である。地域経済発展の問題は、人的資源の育成・管理の問題などと軌を一にしている。しかし現実には、地方分権が唱えられてはいるものの、一般的に人材の東京への集中が、本社機能の東京集中と相まって進み、地域における人材の確保・育成が喫緊の課題となっている。現在、大阪を含めて各地域は、こうした人的資源の集積・活用・管理の問題に対して、これまで以上に積極的な対応が求められているのである。

　特に、地域発展に必要な人材を集積させるには、地域として人的資源の確保やその育成について明確なビジョンを持ち、地域の個性・特性を考慮した戦略を立てて、これを着実に実行していくことが重要である。換言すると、地域における人材育成を十分に実施できる環境を地域が提供することが求められているのである。

　地域産業の高付加価値化に貢献できる人的資源を将来にわたって量的・質的に確保するには、その地域として人材の供給と獲得を強化することが必要であるが、特に、行政・大学・企業等が主体となった人的資源の創出・育成の促進が重要である。とりわけ、地域の大学を核とした人的資源育成の仕組みづくりが重要である。すなわち、地域産業の高付加価値化に貢献できる人材が集まり、相互研鑽により能力をブラシ・アップできる仕組みを構築し、新規事業を立ち上げる場合には、必要人材のネットワークにより効率的効果的に実践できるようにすることが必要である。その際、人的資源が活動するための拠点として、各々の地域にある大学はその中心的役割が期待される。

　地域経済にとって必要とされる人的資源を将来にわたって量的・質的に確保し、その能力を発揮させ、地域経済を活性化させることは地域発展のインフラ整備としても欠かせない取り組みである。

4．公務員の人事制度改革

　昨今、国家公務員の人事制度改革が議論されているが、このテーマの経緯をみると、1947年の国家公務員法にその制度上の基礎がみられるところにまで遡る。すなわち、国家公務員の人事管理の基礎として導入された「職階制」が、制度上、今日まで続いているのである。この職階制の基本的な考え方では、国家公務員の処遇は、官職に応じて実施することになっており、役職職務給的な考え方に大きく影響されることになる。仕事の区分は、基本的に役職職務であり、処遇もそれに連動した制度に形式上はなっている。

　しかし、結果としてその後56年経った今でも、その職階制は実施されず、代わりに、一般職給与法に基づいた対応等がなされている。この間、1982年の人事院の給与勧告において、1950年の「国家公務員の職階制に関する法律」における職階制に代えて新たな仕組みを検討することが表明され、翌1983年には職群、等級などによるわが国の実態に即した提案がされたが、その後この取組みは進展せず、1998年の中央省庁等改革基本法により行政組織など国家公務員に関わる諸制度の抜本的見直しが進むなかで、現在、国家公務員の人事制度も改めて検討されているところである。

　国家公務員人事制度改革の議論のポイントは、「能力」を人事管理制度の基軸にしようとしている点である。すなわち、官職に基づく人事管理制度だけでなく、能力に基づく人事管理制度の導入である。具体的運用は、能力等級を新設した上で、仕事をとおして能力を評価し運用するものである。制度運用上の視点から職階制との根本的差を述べれば、新たな方式では、評価する場合にそれまで職階制では1次的管理対象であった役職職務が、新制度案では2次的管理対象となり、代わって新制度案では1次的管理対象が「能力」となる点である。職階制では、基準は、目に見える役職職務であったが、新たな制度では、職務遂行能力が基準になる。

　制度上のこうした改定案の狙いは、「能力」を機軸に据えることで従来と比べて公務の能率向上を図ることであるが、その際、特に留意しなければならない

点は、目に見えない管理対象をどのように客観的に把握し、それに対する処遇をいかに当事者に説明するかの問題である。

これまでおよそ60年も代替的な運用がされてきた国家公務員の人事管理制度を、わが国の実態に合わせて再構築する試みは方向性として価値があるものと思われる。その具体化の方法は今後さらに検討され、より良いものにしなくてはならないが、方法論としては多くの選択肢があるものと思われる。

5．小　括

わが国の人事管理制度は、戦後、各時代の企業を取り巻く環境に適応して最適なシステムへと変化しながら発展してきた。そして、現在も企業を取り巻く環境が大きく変化しているなか、その変化に適応して人事管理制度は発展しているところである。その変化は、質的改革を伴う本質的変化であり、従来の人事管理制度の抜本的改革が求められている。それは民間企業だけでなく公的組織体の人事管理制度においても同様である。加えて、地域のマネジメントにおいて、人材を地域に集積させることが地域発展において極めて重要な課題ともなっている。この序章ではこうした点を概観した。

そして、転換期における制度改革では、過去の制度にのみ固執していては到来する時代の特質に合った制度改革は難しいことが多い。問題となっている部分だけでなく、関係する諸制度も含めての改革が必要である。実際、時代の要請、時代の流れは社会で様々な現象となって現れている。その具体的事実、事例を研究することは、新たな時代の人的資源管理を考える上で意義のあるものと思われる。

＜参考文献＞
津田眞澂『新・人事労務管理』ミネルヴァ書房、1999年。
津田眞澂『労使関係の国際比較』日本労働協会、1969年。
白井泰四郎『労使関係論』日本労働研究機構、1996年。

白井泰四郎『現代の日本の労務管理』東洋経済新報社、1992年。
佐口和郎・橋本秀一編『人事労務管理の歴史分析』ミネルヴァ書房、2003年。
森五郎『労務管理概論』泉文堂、1979年。
奥林康司『柔構造組織パラダイム序説』文眞堂、1994年。
小池和男・猪木武徳編『人材形成の国際比較』東洋経済新報社、1991年。
渡辺峻『人的資源の組織と管理』中央経済社、2000年。
石田英夫編『女性の時代：日本企業と雇用平等』弘文堂、1986年。
石田光男『賃金の社会科学：日本とイギリス』中央経済社、1990年。
水谷雅一『経営倫理学の実践と課題』白桃書房、2000年。

第1章

研究者・技術者の雇用管理[*]
―― 雇用システムの視点から ――

はじめに

　わが国の産業・企業は、国際競争が激化しているなか、新たなパラダイムへのシフトが求められている。今後わが国の発展は、産業競争力戦略会議の報告にもあるように、企業や大学などの研究機関が、世界最先端の付加価値の高い研究開発拠点になり、それをベースに新時代を担う高付加価値の企業の活動を実践していくことが不可欠である。その実現には推進役たる研究者・技術者が高いモチベーションを持って研究開発に取り組むことができる環境の整備がまず重要である。

　確かに昨今の国の施策をみると、2002年2月の小泉総理の施政方針で知的財産戦略会議設置の表明、7月の知的財産戦略大綱の発表、10月の知的財産基本法案の閣議決定、11月の参議院本会議での可決成立、そして2003年3月には同法が施行された。同法第8条では、「事業者の責務として、発明者その他の創造的活動を行う者の職務がその重要性にふさわしい魅力あるものとなるよう、発明者その他の創造的活動を行う者の適切な処遇の確保に努めるものとする」と明記している。

---

[*] 本稿は、政策分析ネットワーク第4回政策メッセで優秀論文賞を受賞（2003年8月）したpaperを加除修正したものである。

第 1 章　研究者・技術者の雇用管理　*11*

　実際、味の素の人工甘味料製造や青色発光ダイオードに関わる特許訴訟、そして島津製作所のノーベル賞受賞者のケースは、企業と研究者・技術者のこれまでの雇用関係のあり方を再考させる[1]。すなわち、研究者・技術者個人の欲求や価値・成果へのフレキシブルな対応を可能とする雇用管理を、日本的雇用慣行のなかでどのように行うのか、そのために研究者・技術者の雇用システムをどのように変革させるのか、の問題である。

　さらに、研究者・技術者個人の価値・成果に対する評価方法についても、新時代に相応しい方法に変革させなければならないが、この問題も研究者・技術者の雇用管理システムの変革同様に労使双方のコンセンサス形成をどのようにするかの問題を含んでいる。

　加えて、事業再構築による産業の高度化を図るためには、研究者・技術者の人材流動化の促進が不可欠であるが、その実現のためには企業にとってコア技術の流出防止や営業秘密の取扱いルール形成の問題がある。

　本稿では、「研究者・技術者」をテーマとした事業所調査（調査実施；日本総合研究所、調査票設計；筆者）、「産業の競争力強化に向けた雇用関係の在り方」（委託元：経済産業省。調査方法等：補論のとおり。）を基に、今後重要な課題となる、企業と研究者・技術者との調整システムについて、従来の集団的雇用管理アプローチではなく調整型の個別的雇用管理アプローチの視点から、オーストラリア職場協定（Australian Workplace Agreements、以降AWAs）を素材に検討する。なお、対象とする研究者・技術者は、民間企業に在籍しイノベーションを推進する者をいう。

1．雇用システムにおける問題点

　わが国では、熾烈な国際競争に勝ち残るべく、新時代に相応しい高付加価値製品やサービスが必要となり、政労使による様々な施策が行われている。しかし、ベンチャー企業の開業率は依然として低く、新産業への構造転換も思うように進んでいない。確かに資金調達の困難さなどインフラの不整備により起業

活動が阻害されているだけでなく、創業する者を十分に評価し奨励する土壌にも欠けている。実際、新規学卒者の多くは大企業への就職を希望し、またスピンアウトベンチャーも少ない状況下では、新時代を担う研究開発等は優秀人材を多く抱える大企業での企業内起業が、短期的には一層期待される。またその一方で、研究者・技術者と企業の関係が特許に関わる紛争にみられるように変化している。すなわち、社会が平均的アウトプットから高付加価値なアウトプットを求めるなか、企業が創造的活動を効率よく継続して実践するには、新時代に相応しい研究者・技術者の雇用管理システムへの脱皮が必要とされているのである。

現在、研究者・技術者の雇用システムに関して、次の3点が問題である。すなわち、①集団的な雇用管理が強すぎる。特に、若手の研究者・技術者の自由度が少ない、②処遇決定システムが多様化しにくい、③二者択一の雇用契約期間であるため処遇のフレキシビリィティが阻害されている、の3点である。具体的な内容は次のとおりである。

(1) 強すぎる集団的な雇用管理

昨今の経営の特徴は、個人の創造性発揮が核になって、付加価値の高い製品やサービスが提供されるようになっていることが挙げられる。しかし、わが国の雇用管理システムは、構造的に画一性を重視する内容の労働協約[2]、就業規則[3]などにより集団的に規律するシステムであり、研究者・技術者の個々の特性に対応したフレキシブルな雇用管理が前提にはなっていない。これは、現システムの前提が大量生産時代の集団的な雇用管理や労使慣行の延長線上にあるためである。

そのため、研究者・技術者に対して、新時代が求める個々の研究者・技術者の貢献（付加価値）に相応しい処遇やインセンティブの促進あるいは不満要因解消を行おうとしても、効果的には実践できないのである。また、何が研究者のインセンティブ要因かを、先行研究[4]（石田2002）にみると、必ずしも金銭的インセンティブのみではなく、むしろ研究環境の充実などが大きなインセンティブ要因であることが指摘されている。つまり、研究者・技術者の動機づけ

およひ不満解消の取り組みは、広範囲を対象とするものであり、研究環境整備と金銭的報酬の両面にわたって制度的に対応ができる雇用管理が不可欠なのである。換言すると、単に金銭的インセンティブの上限を高くすることではなく、研究環境の整備も含めて、研究者・技術者のニーズに対応できることが求められているのである。すなわち、現在の集団的規律による雇用管理が画一的過ぎるため、研究者・技術者個々のニーズに対してフレキシブルに対応できない点が問題である。

　また特に、若手の研究者・技術者に自由度が少ない点が問題である。すなわち、非管理職階層などは組合員資格を有し労働協約などの集団的雇用関係の影響を強く受けるが、まさに若手の研究者・技術者は通常その階層に属し、一律的な雇用管理の影響を強く受ける。つまり、現在の一般的雇用管理システムにおいては、管理職への昇格（通常30代後半）までの期間、組合員として労働協約などの影響を強く受け、他の職種と同様の雇用管理がなされ、研究者・技術者の特性に配慮した処遇がされにくい。そのため、若手研究者・技術者には特に集団的な雇用管理の影響がより強く生じるのである。

(2) 多様化しにくい処遇決定システム

　画一的な処遇管理システムでは付加価値創出の原動力である研究者・技術者の個々の特性を個別に判断しにくく、研究者・技術者の創造性と希少性に対して、きめ細かに対応することが難しい。効率よく効果的に処遇を行うには、労働協約や就業規則といった集団的規律のみのシステムではなく、多様化する研究者・技術者のニーズ・実態に個々に対応できるシステムに変革する必要がある。

　知的財産基本法第8条では、発明者その他の創造的活動を行う者の適切な処遇の確保が「事業者の責務」として定められているが、現在、研究者・技術者の個々の処遇は、一般的に労働協約や就業規則などで集団的な規律として定められているため、優秀な研究者・技術者個々に対して適切な処遇が実践できるようにはなっていない。集団的労使関係について、研究技術分野でわが国を牽引すると思われる企業を、前述の調査（「産業の競争力強化に向けた雇用関係の在り方」）の労働組合組織率をみる（図表1）と、労働組合がある企業は78.4%

図表1　労働組合または従業員代表機関（過半数の従業員を代表する組織）の状況

n = 102

	労働組合がある	従業員代表機関がある	両方ともない
社　数	80	8	14
％	78.4	7.8	13.7

資料：日本総研『産業競争力強化に向けた雇用関係の在り方に関する調査研究』2002年3月を基に作成。

図表2　複線型人事制度の実施状況

n = 102

	採用している	採用していない	無回答
社　数	19	76	7
％	18.6	74.5	6.9

資料：図表1に同じ。

にものぼり、集団的労使関係の強い状況下にあることが分かる。

　さらに、企業制度として複線型人事制度（「技術者・研究者に適用する資格・処遇ルールと他の職種の社員に適用する資格・処遇ルールとが異なる雇用管理」）の実施状況をみる（図表2）と、同制度を採用しているのは18.6％にしか過ぎず、研究者・技術者について、資格・処遇ルールが他の職種と異なる雇用管理は全体的にはあまり実践されていないことがうかがえる。

　わが国では、有利原則について一般的にこれを認めない[5]など、労働協約で合意された条件以上の処遇を個別に実施しにくい。しかし、今後ますます研究内容が高度化し、研究者・技術者間の個人差が広がることが予想され、研究者・技術者の要望内容も金銭的なものを初め研究環境まで多様化することも予想される。すなわち、現在のシステムが一律的管理の平均的処遇を優先したシステムである点および個人によって異なる金銭や研究環境への欲求に対して柔軟に対応しにくいシステムである点が問題なのである。

(3) 二者択一の雇用契約期間を前提にしたフレキシビリィティ

　研究者・技術者の処遇におけるフレキシビリィティの度合いは、期間に定めのある雇用か否かにより決定されており、雇用の安定性と処遇のフレキシビリ

ティが相反する関係になっている。たとえば、ある一部上場企業では、研究者・技術者に特別の処遇をしようとする場合、正社員に適用する制度では処遇できないため、非正社員として1年契約の更新により雇用する制度がとられている。当該企業のコメント[6]をみると、「<u>労働組合との取り決めで同学歴の正社員の初任給に格差を付けることができないため、非組合員の契約社員の形を取ることで</u>…（下線は筆者）」となっている。その背景には、集団的な雇用管理が強く影響している点と、十分処遇についてのフレキシビリティを正社員としての雇用形態では制度上確保できないため短期の雇用契約[7]により特別な処遇が実践されていることがある[8]。一見、企業と研究者・技術者との関係が多様に取り決められるようにみえても、肝心の雇用期間（雇用の安定性）の扱いで新たな問題が発生している。つまり、雇用の安定性（期間の定めのない雇用契約）を選択するのか、それともフレキシブルな処遇内容（但し、雇い止めの可能性がある雇用契約の更新方式）を選択するのかを迫っており、正社員（期間の定めのない契約）の雇用形態では、十分に柔軟な処遇（特別な処遇方式）の選択ができない。

　これではたとえ処遇内容に魅力を感じたとしても、研究者・技術者は雇用契約が更新されない危険性のある方式を嫌って雇用の安定性を優先させれば、その魅力ある処遇（特別な処遇方式）を諦めざるを得なくなる。

　実際、当該企業は、このケースで非正社員の場合、「その能力を必要とする仕事がなくなった場合には、他の部署に就けず、契約更新を打ち切る」[9]としており、雇用が不安定になっている。もちろんその一方で同企業ではこのケースの非正社員は好条件の賃金により"スペシャリスト"として厚遇するとしている。また、「本人が希望すれば、正社員として中途採用することもある」としているが、この場合はたとえ研究内容が継続していても、賃金面での好条件（特別な処遇）は正社員のルールに合わせるため見直しが行われる。

　すなわち、雇用の安定性と処遇のフレキシビリティが二者択一の関係になっており、正社員の雇用形態において、処遇条件の多様性を広げる抜本的な取り組みとはなっていない。本来あるべき多様化は、雇用期間が限定されていなくても、雇用管理に個別性を自由に設定できることが必要なのであり、換言す

れば、いかにしてそうしたフレキシビリティを研究者・技術者の雇用管理に導入するかが重要なのである。

2．集団的雇用管理と個別的雇用管理

(1) 集団的雇用管理から個別的雇用管理への移行

わが国の正社員に対する雇用管理は、労働協約や就業規則などによる集団的な雇用管理が基本であり、特に労働組合を有する企業では、労働協約が雇用管理の前提条件となる。そのため労働組合員の研究者・技術者は、その他の職種の従業員の雇用管理ルールと原則同様な管理がなされ、研究者・技術者、個々に対する処遇を行いにくい状況が生じる。もちろん、労働組合があっても管理職など非組合員であれば、少なくとも直接的に労働協約による縛りはないが、画一的内容を持つ就業規則による集団的な管理が一般になされる。つまり特定の個人を対象として就業規則が作成されているのではなく、また研究者・技術者個人に対し特定の目的を持って作成されているのではない。そのため、労働協約同様、当事者関係は異なるとしても、やはり集団的な管理がなされることになる。

こうした状況において、研究者・技術者の雇用システムをフレキシブルにするには、大きく3つの取組み方がある。1つは、労使協定方式（集団的合意方式）に加えて個別合意方式の導入である。具体的には次項のオーストラリア職場協定（AWAs）の個別合意システムの導入にみることができる。労使間での合意を必要とせずに個別に合意形成をするのであれば現行法の改正などを伴う。2つ目は人事管理手法の改革であり、企業内で研究者・技術者に対して個別に人事管理ができるように企業制度の改革を実施する方法である。3つ目は労使関係の改革で、これは労働組合が、企業の高付加価値創造重視の取り組みを理解し、研究者・技術者の雇用管理について他の職種と分離してルール化することに合意して雇用管理を実践する方法である。

3つのパターンを示したが、いずれが効率的なのかという問題よりは、個々の状況に応じてこれらの方法を総合的に活用できるようにし、研究者・技術者

の雇用管理を多様化させ実践させることが重要である。

(2) 職務発明と相当の対価に対する研究者等の意識

　職務発明と相当の対価についての研究者等の意識を産業構造審議会知的財産政策部会特許制度小委員会の中間取りまとめ（2002年12月19日）における「職務発明に関するアンケート」の検討から留意点を指摘したい。この調査は、「わが国企業における研究者の研究創作の評価及び奨励に関しての実態把握」を行うために、（社）発明協会により行われた。アンケートは、（調査A）が、全国発明表彰受賞者93人に対して実施され、有効回答率：49.5％（有効回答数46名）、（調査B）が、上記以外の発明者（以下「研究者」という）6,973名（2,352社）に対して行われ、有効回答率：34.3％（有効回答数2,394名）であった。

　この調査結果から指摘したいのは、研究者等が、企業が自由に相当の対価の決定方法を設定できるようにすることについて、いくつかの点で危惧を抱いていることである。調査結果をみると、相当の対価の決定方法について、企業が自由に設定できるようにすることに対する「賛成の条件」として、第1位が

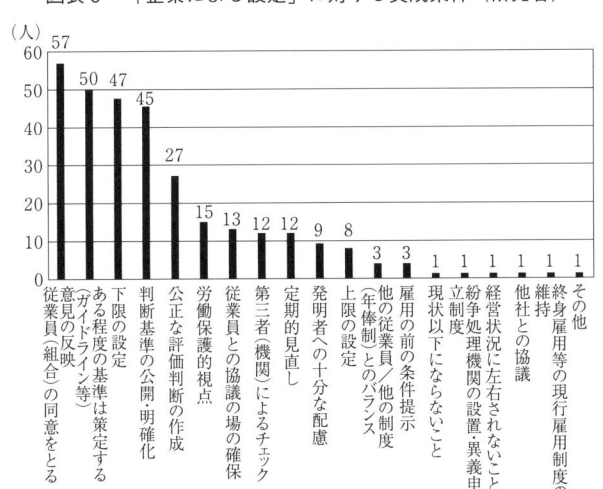

図表3　「企業による設定」に対する賛成条件（研究者）

資料：特許制度小委員会中間取りまとめ「職務発明に関するアンケート」（2002.12.19）をもとに作成。

図表4 「企業による設定」に対する反対理由（研究者）

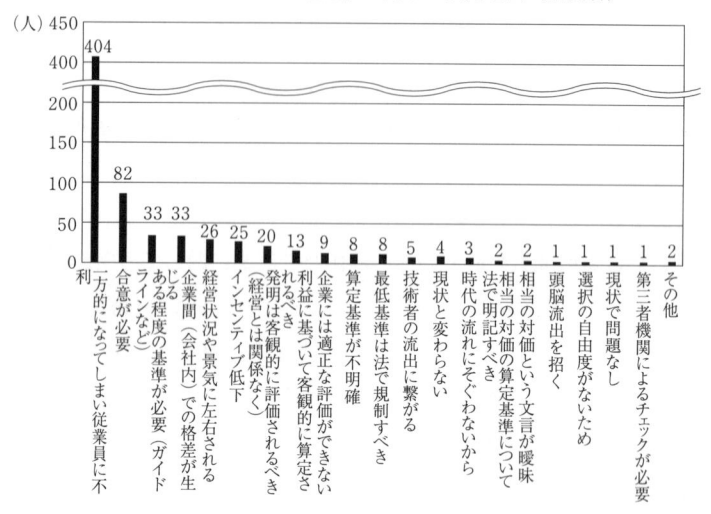

(人) 450
404 一方的になってしまい従業員に不利
82 合意が必要
33 ある程度の基準が必要（ガイドラインなど）
33 企業間（会社内）での格差が生じる
26 経営状況や景気に左右されるべき
25 利益に基づいて客観的に算定発明と経営とは関係なくインセンティブ低下
20 企業には適正な評価ができない
13 算定基準が不明確
9 最低基準は法で規制すべき
8 技術者の流出に繋がる
8 現状と変わらない
5 時代の流れにそぐわないから
4 法で明記すべき
3 相当の対価の算定基準について
2 相当の対価という文言が曖昧
2 頭脳流出を招く
1 選択の自由度がないため
1 現状で問題なし
1 第三者機関によるチェックが必要
2 その他

資料：図表3に同じ。

図表5 「使用者と従業者間の自由な合意」に対する意見

(%)

	賛成	条件付賛成	反対	条件付反対	どちらともいえない	わからない	その他	無回答
研究者	38.3	10.4	7.4	0.2	28.5	11.4	1.2	1.7
受賞者	47.8	6.5	8.7	0.0	26.1	10.9	0.0	

資料：図表3に同じ。

「従業者・組合の同意を得ることや意見が反映されること」、第2位が「ある程度の基準を設けること」、第3位が「下限の設定」、そして第4位が「判断基準の公開・明確化」である（図表3）。一方、「反対理由」としては、「一方的になってしまい従業者に不利」とする回答が極めて多い（図表4）。いずれも、研究者などへのサポート体制やサポートシステム、公平性の問題を、研究者当事者は危惧しているのである。また、相当の対価の決定方法を使用者・従業者間の自由な合意に委ねることについては、現行条文を改正し、使用者と従業者が「相当の対価」について、自由に合意して決められるようにすべき、と答えた割合は「賛成」および「条件付賛成」を合わせ約5割である（図表5）。研究

図表6　「使用者と従業者間の自由な合意」に対する賛成条件（研究者）

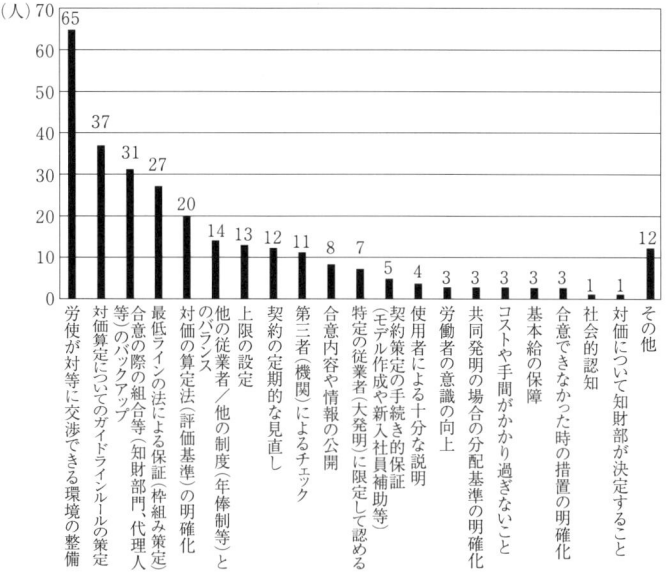

資料：図表3に同じ。

図表7　「使用者と従業者間の自由な合意」に対する反対理由（研究者）

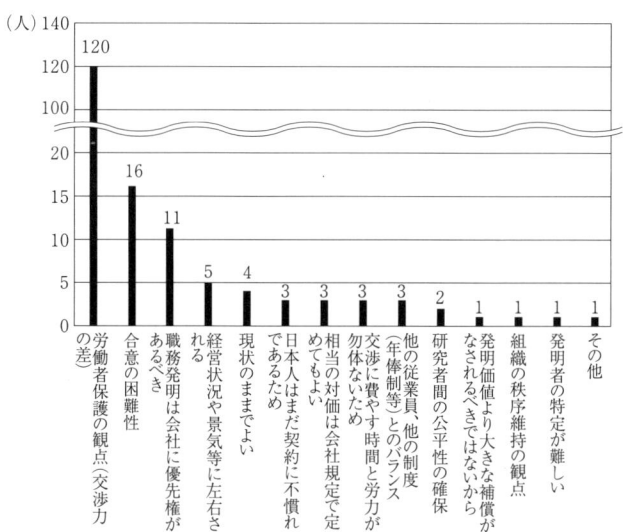

資料：図表3に同じ。

者・技術者の交渉への潜在需要は、決して低くはない。相当の対価の決定方法を使用者・従業者間の自由な合意に委ねることに、「条件付き賛成」とするその条件は、第1位が「労使が対等に交渉できる環境整備」、第2位「対価算定のガイドライン策定」、第3位「合意の際の組合等（知財部門・代理人等）のバックアップ」、第4位「最低ラインの法による保証（枠組み策定）」であった（図表6）。さらに、自由な合意に委ねることへの反対理由は、「交渉力の差を考慮した労働者保護の観点」が群を抜いて多かった（図表7）。

　実際にイノベーションに取り組む研究者当事者は、相当の対価の設定方法の自由度を企業に認めるにしても、その設定方法が公平で納得できるものになるような仕組みづくりを望んでおり、加えて企業との折衝や交渉において研究者等へのサポート体制も望んでいるのである。

(3) オーストラリア職場協定AWAsからの示唆

　経済のグローバル化が進展する中、わが国に限らず、各国は国際競争における優位性確保のために様々な取り組みを行っている。とりわけ新時代に必要とされる個人能力の連鎖を基礎とした社会システム構築のために、雇用関係の改革などフレキシビリティの促進を図っている。実際オーストラリアは新時代に向けて、個別的な合意を可能にするオーストラリア職場協定（AWAs）を創設したが、わが国にとって示唆的な点は、集団的な労働条件を踏まえた上で、新たな個別条件を合意できるシステムを導入した点である。わが国でも、研究者・技術者へのインセンティブ向上や不満要因解消を、研究者と企業とが、どのように調整するかは重要な課題である。この点オーストラリアは、両者間で個別の合意形成を行えるシステムを導入したのである。

　同国は1996年の総選挙により労働党政権から自由・国民連合政権に交代し、ハワード政権下[10]で自由化（Enterprise Flexibility）が強力に推進され、企業を取り巻く環境変化に柔軟に対応することが試みられているが、その背景には当時のオーストラリアの経済低迷とそこからの脱却の模索そしてニュジーランドのディレギュレーションの成功があった。OECDは、現政権の一連の労使関係改革がオーストラリアの経済活性化に貢献していると評価している。

これら労使関係の改革の1つに、1996年のAustralian Industrial Relation Actに基づいたAWAsがある。これにより処遇条件について個人が主体的に企業と交渉して合意を結ぶことができるようになった[11]。

　AWAs導入までは、企業と労働者の関係は、主にアワード（Awards）や認証協定（Certified Agreements）に基づき集団的に労働条件が決定されていたが、AWAs導入により、新たに企業と個人の個別合意が可能になった。オーストラリアでも経済のソフト化・グローバル化への対応が必要な状況においてわが国との差はなく、企業活動のフレキシビリティが求められ、集団的な合意だけによるのではなく個別の合意ができるような新たなシステムとしてAWAsが導入された。すなわち、新たな時代に向けて集団的合意システムのみならず、個別的合意ができるシステムが導入されたのである。

　さらに注目すべき点は、新たに雇用擁護官（Employment Advocate、以降EA）が創設された点である。主な機能は次のとおりである。

（主な機能）
①個々のAWAを審査し承認すること。審査において特に合意内容が現状あるいは一般的条件を下回っていないかをチェックすること。
②労働者、経営者（スモールビジネスの経営者も含めて）の双方に、同法およびAWAsについてのアドバイスを行うこと。
③AWAs違反等の処理をすること。
④申し立ての援助をすること。
⑤AWAsについての統計を公表すること。

　注目すべき点は、新たな機能としてEAを創設して、集団的な交渉で公平公正（Fairness）を実現するのではなく、中立的な機関として審査することにより公平公正（Fairness）を実現しようとしている点である。

　加えて注目すべき点は、従来の処遇条件（一定レベルの条件）を基礎にそのレベルから総合的に下回らないようにして、個別に企業と個人が合意形成できるようにしている点である。一定条件をセーフティーネットにし、その上に個人の多様性を図るシステムにしている。

AWAsの導入は、アワードや認証協定の集団的労使関係による規律に加えて、個別的労使関係を発展させる大きなステップとなったが、わが国の研究者・技術者の雇用管理のフレキシビリィティを考える場合、構図としては同様な関係が必要となる。すなわち、研究者・技術者に対して、集団的規律の上に個別的関係を構築するという構図において、わが国の研究者・技術者の個別管理の新たなフレームワークの導入を図ることが必要なのである。

　また、AWAs導入後の状況で注目すべき点は、①高度な業務に携わる者は、交渉の機会があれば交渉する傾向が強い点である。EA公表資料[12]をみると（図表8）、一般的に交渉を進んでする割合がAWAsシステム導入の下では高くなっている。特に、導入前では低かった準専門職においてその増加率が高い。もとより交渉への需要が高かった専門職も含めて専門的業務従事者の交渉への潜在需要が高いことをうかがわせる。雇用期間別にみると（図表9）、2年を超える期間で交渉への潜在需要が高い。

　AWAsシステムが導入されている企業で働いている者にとっては、すでに適用されている既存の労働条件がセーフティーネットとして働くため（集団的雇用関係のなかで既存の労働条件が確保されている）、総合的に判断してそれを上

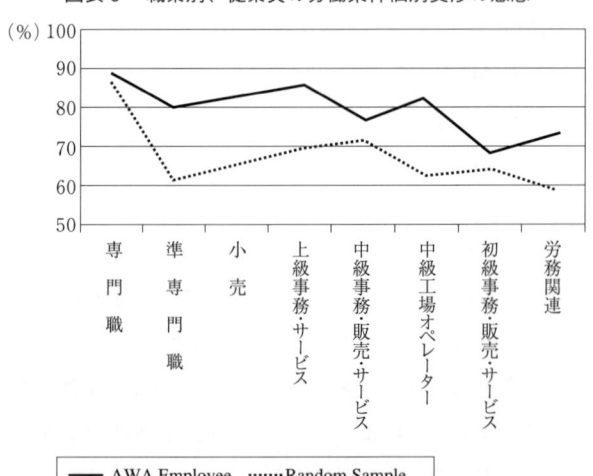

図表8　職業別、従業員の労働条件個別交渉の意思

出所：Office of the Employment Advocate. AWA Employee Attitude Survey. September 2001.

図表9　勤続年数区分別従業員の労働条件個別交渉の意思

	区　分	意思がある (%)	意思がない (%)	わからない (%)
勤続2年未満の従業員	AWAs制度導入	79.3	19.2	1.4
	ランダム	79.6	18.8	1.6
	Total	79.4	19.1	1.5
勤続2年以上の従業員	AWAs制度導入	81.1	17.6	1.3
	ランダム	63.3	34.6	2.1
	Total	70.8	27.5	1.8

出所：図表8に同じ。

回る場合にのみAWAsの個別交渉による合意に至るであろうし、企業側からしてもメリットがなければ新たに個別合意をしないであろうことを考えると、双方にとって選択肢が拡大し、メリットがあるシステムといえる。

加えて重要な点は、外部サポート機関としてEAがAWAsの審査「不利益審査 No Advantage Test」を行い、AWAの条件がアワードの条件を下回っていないかチェックするシステムになっていることである。下回る疑いがある場合はオーストラリア労使関係委員会（Australian Industrial Relations Commission、AIRC）へ付託されることもあり、総合的な条件は悪化しないようになっている[13]。

なお、AWAsシステム下にある者の賃金・報酬が2極に分化している傾向がある（図表10）。貢献度の高い研究者・技術者はその実績をもとに交渉するため、年収はより高いグループに属するものと思われる。留意すべきは、個別交渉を認めるシステムでは所得格差が拡大する傾向があるため、個人へのサポートシステムが必要な点である。

図表10　所得別回答者分布一覧

		$10,000未満	$10,000〜$24,999	$25,000〜$49,999	$50,000〜$74,999	$75,000〜$99,999	$100,000〜$149,999	$150,000以上
AWAs制度導入	度数	68	157	429	248	89	29	2
	%	7	15	41	24	9	3	0
ランダム	度数	40	187	471	218	46	12	6
	%	4	19	47	22	5	1	1
Total	度数	108	344	900	466	135	41	8
	%	5	17	44	23	7	2	0

出所：図表8に同じ。

さらにAWAsについて注目すべき点は、AWAの合意形成をしようとする個人は、交渉代理人を選任できる点である。一個人が企業と交渉するのであるから、情報収集力、交渉力、総合的判断力、精神的対応力、専門知識など多くの点でその個人が劣勢になることが懸念される。そのため、個人へのサポートが必要であり、交渉代理人を選任できることは極めて納得性がある。当然のことながら、経営サイドは、その交渉代理人と交渉しなければ労働者個人との合意形成はできない。そして、その交渉代理人には、労働組合を含めて、専門家、知人などがなることができるが、双方代理は禁じられている。このように個人を交渉当事者とするシステムを社会で機能させるには、その当事者個人をサポートし、公平公正（Fairness）が実現されているかを審査できるシステムを併せ持たなければならない。

　オーストラリアは新時代に向けて、個人の活性化を図るために個別的な合意を可能にするAWAsシステムを創設したが、示唆的な点は、集団的労使関係に個別的労使関係をシステムとしてビルドインさせ、集団的労働条件を踏まえた上で個別の合意を可能にした点である。また、EAを創設して個人をバックアップしていく新たなシステムを整備した点も同様に示唆的である。

3．研究者・技術者と企業間の調整推進者

　研究者・技術者の個別管理・個別合意の取り組みは、実践的側面からすると、企業と研究者・技術者との調整をいかに実践するかという問題に帰着する。一般に企業内でのわが国の諸問題の調整は、これまで問題が発生する前に労使協議会などの集団的調整アプローチにより効果的に事前調整されているが、今後の課題は研究活動の高度化・個別化そして研究成果の多様化により、企業と優秀な研究者・技術者間の個別的調整をいかに実践していくかという問題である[14]。

　個別化してきた調整事項の調整については、研究者・技術者、本人の納得性が重要となる。この点、前述のオーストラリアのAWAsは、個々の研究者・技術者が企業とフレキシブルに合意形成ができるシステムであり、集団的雇用慣

行のなかで、納得性を持った個別の調整が行えるシステムである[15]。また、合わせて考えなければならない点は、オーストラリアではAWAsの実践段階では交渉のサポートシステムが整備されている点で、組合、専門家、知人などがサポート者として選任できるようになっているのが示唆的である。

一方、わが国は、労使協議会などに代表される集団的調整制度が発達しており、制度的には問題[16]があるものの同制度で個別的問題も扱うことが多くなるとともに、同制度以外の個別の調整では、前述の調査をみると、企業側は人事労務担当者に研究者・技術者と企業とのトラブル調整を期待している（図表11）。

しかし、従業員は、企業内で個別的トラブルが発生した場合、一般的に直属の上司に調整を期待するケースが多い。筆者の別の調査（大阪府個別労使紛争処理の実態調査）でも、企業側は人事労務担当者を調整推進者と考えるが、従業員は直属の上司を調整推進者と考えておりギャップが生じている（図表11）。

理由として、問題を抱える従業員は自分サイドに立って対応をしてくれると判断する者へ相談すると考えられ、人事労務担当者は、その点ではむしろ交渉相手側である。そのため、仕事を通じて人間関係が形成されている直属の上司に相談することが多いと思われる。

しかし、そうした直属の上司も昨今の要員のスリム化や業績主義の拡大[17]と相俟って企業側に立つ状況が増え、部下との関係で調整役としての役割を狭めている。

このような傾向のなかで、業績の個人格差が大きい研究者・技術者と企業間

図表11　企業と従業員間の紛争処理「窓口」のギャップ

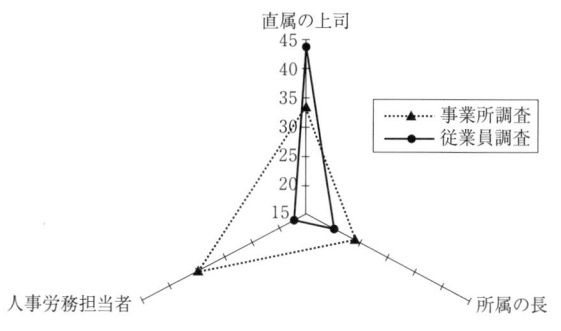

資料：拙稿「大阪府個別労使紛争処理の実態調査」『労働社会学研究3』2001年。

図表12　技術者・研究者の賃金・賞与などのトラブルの相談窓口

n = 102

	直属の上司	所属の長	人事労務担当者	社内の苦情相談窓口	法務担当者	無回答・不明
社　数	13	29	47	—	3	10
％	12.7	28.4	46.1	0.0	2.9	9.8

資料：図表1に同じ。

　の調整を今後どのようにするかが重要な課題となる。特に留意すべき点はその調整者の組織における位置づけと権限である。少なくとも調整役には、中立性が確保され、守秘義務のルールを併せ持ち、専門的知識を基にコーディネート能力に優れていることが求められる[18]。

　専門的知識については、研究成果の高度化により法律的な紛争調整問題につながると思われるが、現時点では、研究者・技術者とのトラブル調整に企業の法務担当者が関与するとの回答は多くはなかった（図表12）。しかし今後、研究成果の判断や特許など専門的な吟味が必要になるため、調整者がそうした専門性を併せ持つ必要性も増加する。

4．研究者・技術者に対する個別的インセンティブ報酬システムの方向性

　研究者・技術者の報酬の問題は、特に職務発明における報酬の不明瞭さとして現れる。特許法第35条（職務発明）では、社員の発明に対して企業が権利を取得するには「相当な対価」報酬を支払わなければならない、と規定され、また知的財産基本法においても事業者の責務として、相当の対価を支払うように規定されているが、実際に研究者・技術者の企業への貢献度をどのように反映させるかについてのルールは明確ではない。その理由として、この問題がこれまで日本的経営の中で、単に契約上の問題ではなく、終身雇用を前提としたこれまでの雇用慣行に従い社員の発明等に対する報酬の一部として昇進やその他処遇が考えられていたことがある。今後、すぐには様変わりできない日本的雇

用慣行を全体としてどのように斟酌していくのかの問題もはらんでいる。すなわち、企業と研究者・技術者との関係を新時代にどのように調整していくかの問題である。特許問題で注目を浴びている味の素の人工甘味料製造特許に関わる訴訟問題や中間判決[19]が下された青色発光ダイオードーの訴訟は、単に発明報酬に関わる契約問題だけでなく、企業と研究者・技術者との関係についても再考を促している。

具体的に、人工甘味料[20]と青色発光ダイオードーの事例で言えば、前者（企業から引退後に提訴）は、中央研究所の幹部、主力生産拠点の東海工場長、取締役、子会社の専務、関連会社の社長などへの昇進等、ある意味で日本的雇用慣行のなかで報酬を受けた後での発明に関わる権利の帰属や対価の算定をどう判断するかであるし、後者は、定年を待たずに転進し、まさに発明の対価[21]の判断が今後の注目点である。すなわち、日本的雇用慣行をどのように斟酌するかの問題である。

従来、わが国では必ずしも職務発明を特別なこととして認識せず、また研究者・技術者も職務発明などの権利について必ずしも明確な認識がない状態で包括的に業務を遂行してきた。発明報奨制度の報奨金の程度を調査結果にみると（図表13）、その低さが感じられるが、こうした状況もこれまでの日本的雇用慣行と無縁ではない。なるほど、5年間の平均[22]で5万円未満が37.3％、同じく5年間で10万円未満が56.9％（5万円未満も含む）であるなど、対価とは言い難い状況である。

また、調査結果では、特許権の帰属を企業内制度において会社のみに帰属するとする企業が大半（図表14）であるとともに、青色発光ダイオード中間判決

図表13 過去5年間の発明報奨の額（平均）

n＝51

	5万円未満	5万円～10万円	10万円～30万円	30万円～50万円	50万円～70万円	70万円～100万円	100万円～500万円	500万円以上	無回答・不明
社 数	19	10	8	5	—	—	2	—	7
％	37.3	19.6	15.7	9.8	0.0	0.0	3.9	0.0	13.7

資料：図表1に同じ。

図表14　社内制度上の特許権の帰属

n = 102

	会社のみに帰属	原則は会社帰属だが、例外的に特定の社員に帰属させることもある	会社と貢献した社員の双方に帰属	貢献した社員に帰属	特に決めていない	無回答・不明
件　数	73	13	3	1	6	6
％	71.6	12.7	2.9	1.0	5.9	5.9

資料：図表1に同じ。

でも規則の認定について企業側に有利であったことを考えると、報奨金等の額は、研究者・技術者へのインセンティブある十分な対価とは言い難い状況である。研究者・技術者が、特許権の自己への帰属に代わる対価のあり方についてさらに検討を望んだとしてもそれは無理からぬことである。

　こうした研究成果に対するプライオリティや契約的な関係にあまり敏感でない風土は、アメリカにおける日本人研究者の産業スパイ事件での摘発において、日米の知的財産に対する権利意識の差としても指摘[23]されている。その土壌には、やはり終身雇用における企業と社員の共同体的な意識[24]がある。

　このような状況のなかで雇用管理における研究者・技術者の発明などの業績評価の問題は、利益の調整問題を多分に含んでいる。すなわち、変化しているとはいっても終身雇用が根強く残るなかでの職務発明の問題は、権利関係の帰属の問題としてのみ捉えるのではなく、雇用慣行のなかでどのように調整するかと併せて考える必要がある。典型的な契約社会であれば当事者間の契約に委ねておけばよいが、わが国の雇用慣行は日本的経営のなかで実践されている。また、単に契約関係のみの判定では、契約社会としての調整機能がわが国では十分には発達していないので、実績がない研究者の報酬額が不当に低くなったり、雇用が不安定になったりすることが懸念される。わが国のこれまでの慣行（集団的規律）も踏まえると、前述のオーストラリアの事例のように集団的合意をミニマムスタンダードとして捉え、それを超える額については、実態を反映させて個別合意による方法で決定するのが合理的である。すなわち、一定額を労働者に対価として保障し、超える部分は企業と個人の個別合意で決定するシステムである。一方、こうしたシステムは経営側からしても、判決の行方

（報酬額や賠償額などに対する不安）、報酬額・賠償額の確定までの時間的ロスなど[25]を払拭でき、経営的視点においても合理性が高い。

さて、このような抜本的な改革の他に、短期的には、人事管理制度の状況やわが国の労使関係（根強く残る集団的管理）および調査結果を考え併せると、複線型人事管理制度（「技術者・研究者に適用する資格・処遇ルールと他の職種の社員に適用する資格・処遇ルールとが異なる雇用管理」）のような分離型ルールにより、研究者・技術者のインセンティブを高める取り組みが、今後の研究者・技術者の雇用管理の方向性を示している。調査結果に、一律的な雇用管理制度の企業と複線型雇用管理制度の企業を、賃金に関し「本人の研究・開発実績により大半決定されているか否か」を比較すると（図表15）、「複線型制度を採用している企業」では、肯定的回答が否定的回答を上回ったが、逆に同制度

図表15　研究者・技術者の賃金は本人の研究開発実績により大半決定されているかについて

			A そうである	A ややそうである	いえないどちらとも	B やや違う	B 違う	無回答・不明	計 A 小計	計 B 小計	差 A－B
		社数102	3	26	29	19	21	4	29	40	－11
		％	2.9	25.5	28.4	18.6	20.6	3.9	28.4	39.2	－10.8
複線型人事制度	採用している	社数19	1	9	3	5	1	—	10	6	4
		％	5.3	47.4	15.8	26.3	5.3	—	52.7	31.6	21.1
	採用していない	社数76	2	17	23	14	20	—	19	34	－15
		％	2.6	22.4	30.3	18.4	26.3	—	25.0	44.7	－19.7
	無回答・不明	社数7	—	—	3	—	—	4	0	0	0
		％	—	—	42.9	—	—	57.1	0.0	0.0	0.0

資料：図表1に同じ。

図表16　研究者・技術者のインセンティブ制度として重視されている制度（MA）

	昇進・昇格制度	賃金・賞与制度	退職金制度	報償金制度	社内表彰制度	海外研修・留学制度	兼業の許可	届出制度	自由研究援助制度	特許分権本人	社内ベンチャー制度	無回答・不明
社　数	56	59	6	40	56	27	—	2	5	7	7	7
％	54.9	57.8	5.9	39.2	54.9	26.5	—	2.0	4.9	6.9	6.9	6.9

資料：図表1同じ。

を「採用していない企業」では、否定的回答の方が上回っている[26]。

また、実際の処遇管理をみる（図表16）と、従来どおり、昇進、昇格、賃金、賞与、表彰制度などが中心である。個別的管理により研究者・技術者のインセンティブを図っているのは相対的に賞与に幾分みることができるが、まだまだ従来の集団的雇用管理が強い。

今後の研究者・技術者に対する個別的インセンティブ報酬システムへの移行を考えると、長期的には研究者・技術者の貢献を基に企業と個人が、ミニマムスタンダードをベースに両者で納得のいく合意により対処できるようにするシステムが良いが、短期的には複線型の処遇システムを従来の処遇システムに導入して対応することが必要である。

5．結　び

わが国の企業そして産業が、付加価値を核に成長発展するには、その推進役たる研究者・技術者の活性化が図られなければならない。その実現には、その推進役たる研究者・技術者が高いモチベーションを持って研究や開発に取り組めるように雇用システムの再構築が不可欠である。再構築に際し、研究者・技術者へのインセンティブに関する先行研究をみると、必ずしも金銭的報酬だけではなく、研究環境の充実などが極めて重要であることが指摘されている。すなわち、研究者・技術者の雇用管理システムの再構築において留意すべき点は、集団的・画一的な管理（集団的合意の強制）のみではなく、個々に多様化した要望を持つ研究者・技術者と研究環境や金銭的報酬などについて、個別に協議・調整でき、企業と研究者・技術者双方が納得できる調整システムを準備することである。

例えば、オーストラリアでは集団的合意システムが発達しているなか、AWAsシステムを導入して個別に合意形成ができるように制度改革を行った。わが国も労働協約などにより集団的規律が強いが、今後は研究者・技術者の個々の状況に合わせて、企業と個別に合意形成ができるシステムを導入して、研究者・

技術者の欲求や成果に報いることができるようにすることが重要である。併せて研究者・技術者が企業と協議する場合、その個人のバックアップシステムを整備することが必要である。

　また、短期的には研究者・技術者の処遇システムを弾力的に運用できるように、複線型雇用管理など分離型システムを利用して研究者・技術者のインセンティブ（不満要因の解消を含む）を図ることが必要である。

　いずれの取組みにおいても、創造性を重視した新時代に相応しいわが国の労使間の新たなコンセンサス形成が求められる。すなわち、新時代では、集団の平均に、優れた研究者・技術者を同調させるといった方向ではなく、むしろ、労働組合も含めて、研究者・技術者個人をサポートするシステムが模索されなければならない。

　創造的研究開発が社会発展の原動力となった今、工業化社会を支えた規律・規範のあり方も変化せざるを得ないのである。

[追記]

　職務発明に関わる研究者・技術者と企業間の訴訟は増加している。脱稿後の注目すべき判決・提訴に次の5つがある。

①青色発光ダイオード（LED）訴訟において、東京地裁（2004年1月30日）は、中村修二教授（米カリフォルニア大サンタバーバラ校）の200億円の請求に対して、発明の対価を約604億円と設定した上で、日亜化学工業に200億円の支払いを命じた。

②光ディスク訴訟において、東京高裁（2004年1月29日）は、日立製作所の元社員の2億5,000万円の請求に対して、同社に約1億6,200万円の支払いを命じた。1審では3,480万円の支払いが命じられていた。

③人工甘味料訴訟において、東京地裁（2004年2月24日）は、味の素の元社員の20億円の請求に対して、同社に約1億8,900万円の支払いを命じた。

④2003年10月20日に、高画質印刷技術（LBP）開発に関わったキャノンの元社員が、正当な対価を受け取っていないとして、同社に対して10億円の支払いを求めて東京地裁に提訴している。

⑤2004年3月2日に、フラッシュメモリー（デジタルカメラや携帯電話に不可欠な半導体）の開発者である元東芝社員で現在東北大学教授は、同社に対して、10億円の支払いを求めて東京地裁に提訴している。

注
1) 2002年に元従業員から株式会社日立製作所も「CD読み取り機構などの光関連技術」の特許について提訴された。
2) 労使の合意事項で書面に作成し署名・記名押印することにより、労働条件・その他労働者の待遇に関する基準について、個々の労働契約を強行法的に規律する。
3) 判例では「事実たる慣習」を根拠として法的規範を認めている。法規範説では労働者の同意の如何に拘わらず労働契約内容を規律する法規範とする。契約説では当事者の合意により権利義務規範となるとする。
4) 石田英夫編著2002年4月『研究開発人材のマネジメント』慶応義塾大学出版会。
5) 労働協約について判例、学説では、「特段、有利性原則を協約で認めていない限り」、両面の法的効力を有するものと考えられている。
6) S社公表資料（参考、労政時報第3461号）。
7) 2003年の労基法改正で雇用期間上限が延長されたが、基本的構造は同じである。
8) 1年を超える場合でも最長3年であって、「専門的業務（労基法第14条）」を利用して個別契約をすることになる。しかしこの場合も、雇用契約期間がやはり限定的であることが前提であり結果として選択肢を狭めている。
9) このような処遇は、経営上、期間に定めのある雇用契約において一般的である。
10) 3期連続して連合政権が継続されているが、上院で過半数を占めていないため労働関係の重要法案は政府の思いどおりには可決されていない。
11) イギリスでは1997年にブレア政権がFairness at workのなかで個人の重要性を明確にし、個人と企業との新たな調整システムを拡大している。
12) 2001年のEAの発表資料である。調査は2000年5月から6月に実施された。AWAはサンプル数1,040で、回収率は24%である。また、RANDOMサンプル数は1,010で、回収率は9%である。
13) 政治的には政府はこうした点を硬直的であるとしてさらに修正をするように取り組んでいる。
14) 端的にいえば、優秀な成果を出している研究者・技術者に対して、みんなもそうだから平均的処遇で満足しなさい、といった説明は新時代に相応しくない。
15) EA調査（Office of the Employment Advocate. AWA Employee Attitude Survey. September 2001）でも分かるように、集団的合意に規整されていた者でもその規整を解くと交渉す

16) 労組法上の交渉はあくまで集団的な問題を対象としている。
17) 年功的人事制度と比較すると部下への厳しい人事考課を行わざるを得ない状況が増加している。
18) 野瀬正治、2000年7月「新時代の個別労使関係と紛争処理」大阪労働、通巻434号、財団法人大阪労働協会。
19) 平成14年9月19日　東京地裁平成13（ワ）17772特許権民事訴訟事件。
20) 過去の報奨金は1,000万円のみとしており、今回の訴訟で20億円を請求している。
21) 当該発明に関わる報酬は2万円のみとしており、今回の訴訟では発明の対価の一部として200億円を請求している。
22) 発明報償の額について過去5年間の支給実績の1件当たりの平均。
23) エーザイのシーズ研究所所長は「日本の企業は契約観念がないといわれてきた。今回の事件を契機に意識は高まる」と発言している（朝日新聞2002年7月6日）。
24) 間宏『日本労務管理史研究』お茶の水書房、1978年、三戸公『家の論理2　日本的経営の形成』文眞堂、1991年、岩田龍子『日本的経営の編成原理』文眞堂、1977年、津田眞澂『日本的経営の論理』1977.
25) パチスロ判決における二重構造の矛盾が指摘されている。2002年3月東京地裁ではパチスロ機の特許権を侵害しているとして84億円の賠償を命じたが、その後特許庁は特許権が無効であると審判した。
26) 質問内容は、「貴社の技術者・研究者の賃金は、本人の研究・開発実績により大半決定されている、と思いますか。」である。

I. 調査の方法「大阪府個別労使紛争処理の実態調査」
1. 事業所調査
・調査対象：日本標準産業分類の7大産業に属する大阪府内の常用雇用者30人規模以上の民営事業所
・調査方法：平成8年事業所・企業統計調査の事業所名簿の中から、事業所常用雇用者規模ごとに抽出数を決めて抽出し、事業所アンケート票を郵送により送付・回収
・実施時期：平成11年12月
・回答状況：発送3,500事業所。回答713事業所（回答率20.4%）
2. 事業所の属性

・業種（n=713）	建設業12.2%　製造業45.0%　運輸・通信業11.2%　卸売・小売業、飲食店21.9%　金融・保険業2.8%　不動産業0.8%　サービス業5.2%　その他0.8%
・正社員数（n=713）	1～29人5.2%　30～99人16.0%　100～299人28.6%　300～999人21.0%　1,000人以上29.0%　無回答・不明0.1%

3．従業員調査
- 調査対象：事業所調査の対象となった事業所で働く従業員
- 調査方法：事業所調査の対象事業所に従業員アンケート票を各1部送付し、当該事業所から従業員に配布してもらい、回答は従業員から直接郵送により回収
- 調査時点：平成11年12月1日
- 回答状況：発送3,500人。回答623人（回答率17.8％）

4．従業員の属性

・性　別（n＝623）	男性81.9％　女性18.0％　無回答・不明0.2％
・年　齢（n＝623）	10代0.3％　20代20.1％　30代36.9％　40代25.0％　50代15.7％ 60代以上1.8％
・雇用形態（n＝623） ・役　職（n＝623）	無回答・不明0.2％ 正社員98.2％　パート労働者0.3％　嘱託・契約社員0.3％　派遣労働者0.0％ その他0.3％
・業　種（n＝623）	無回答・不明0.8％ 係員（役職なし）40.1％　主任・係長35.5％　課長15.2％　部長以上7.2％ 無回答・不明1.9％ 建設業14.0％　製造業43.2％　運輸・通信業8.7％　卸売・小売業、飲食業19.7％　金融・保険業3.4％　不動産業1.0％　サービス業5.9％　その他4.0％ 無回答・不明0.2％

参考文献

石田英夫編著『研究開発人材のマネジメント』慶応義塾大学出版会、2002年。

安枝英訷・西村健一郎『労働法』有斐閣、2002年。

『産業競争力強化に向けた雇用関係の在り方に関する調査研究』株式会社日本総合研究所、2002年。

角田邦重「団結権と労働者個人の自由」『労働契約論・団結論』日本労働法学会誌77号、1991年。

野瀬正治・河野俊明『新時代の労働と地域経済』関西学院大学出版会、2002年。

野瀬正治「大阪府個別労使紛争処理の実態調査」『労働社会学研究3』日本労働社会学会、2001年。

Australian Council of Trade Unions, 1996, *The Need For Fairness In The Workplace*, Australia.

Office of the Employment Advocate, 2001, *Annual Report 2000-2001*, Australia.

Office of the Employment Advocate, 2001, *AWA Employee Attitude Survey 2001*, Australia.

≪補論≫研究者・技術者を取り巻く諸問題（概観）

　調査「産業の競争力強化に向けた雇用関係の在り方」[1]についての結果から研究者・技術者を取り巻く諸問題の動向を順次概観すると次のとおりである。

1．人材流動化について

　人材がストックからフローの時代とも言われる昨今にあって、確かに他の職種同様、一般に研究者・技術者も人材流動化が進んでいる。そうしたなか研究者・技術者の人材流動化の問題点の1つは、企業競争力の源泉ともいえる企業ノウハウや営業秘密の漏洩問題である。受け入れ企業の狙いの1つは、自社に無い技術や研究の促進であるが、その一方では、経営戦略上、コア・コンピタンスが重視される時代であり、企業ノウハウや営業秘密の重要度が増している。

　そのため研究者・技術者の人材流動化に対し企業側の意識としては、コア技術流出可能性の危惧があり、必ずしも流動化に積極的な評価をしない側面がある。すなわち、昨今、政府の知的財産に対する積極的な対応もあり、その重要性の認識が従来に比して高まっているとともに、営業秘密守秘義務や兼業避止義務の問題などに対しては、企業内外における制度的対応が必ずしも十分ではないとの認識もあり、企業側としても人材流動化促進に必ずしも肯定的ではない。研究者・技術者の人材流動化促進には、営業秘密に関して守秘義務の徹底やライセンス関係のルール整備が必要である。

2．特許権の帰属や研究者・技術者の処遇について

　知的財産部会で法整備の検討が進んでいるが、特許権の帰属について、同調査をみると、会社のみに帰属とする企業が大半であった。しかし実際の報奨金等の額は、研究者・技術者のインセンティブを高めるには必ずしも十分とはいえない状況であり、特許権の帰属に代わるインセンティブのあり方の検討の必要性を感じる。

　一方、研究者・技術者の雇用システムの視点から企業における業績主義の状

況をみると、企業は業績主義を尊重してはいるものの、研究者・技術者に対する業績主義は必ずしも浸透しているとはいえない。実際、研究者・技術者の賃金が「本人の研究・開発実績により大半決定されていると思うか」の質問については、否定的回答が肯定的回答を上回った。また、実績に応じた処遇といった点を人事制度との関係でみると、複線型人事管理制度（ここでは研究者・技術者とそれ以外の職種とで処遇ルールを異ならせている制度）を採用している企業に、賃金について、「本人の研究・開発実績により大半決定されていると思うか」を聞くと、肯定的回答が否定的回答を上回ったが、逆に同制度を「採用していない企業」では、否定的回答が上回った。今後、研究者・技術者の雇用管理手法についてはさらに検討の必要性を感じる。

3．雇用システムの土壌

　雇用システムの土壌の変化をみると、従来から日本的雇用管理の特徴とされていた集団主義の考え方に変化がある。同調査では「研究者・技術者、その個人を評価の対象」にするとの回答が約半数あり、「集団を対象」とする従来の考え方が低下している。しかし、これを労働組合等の有無別に、集団を重んじるか否かについてみると、「労働組合がある場合」および「従業員代表機関がある場合」では、「集団を個人より重んじる」とする方が「そうでない」とするより多く、逆に「労働組合も従業員代表機関もどちらも無い場合」では、「そうでない」とする否定的回答が上回った。同様に年功主義を重んじるか否かについてみると、「労働組合がある場合」は年功について肯定的企業が否定的企業より多く、逆に、「従業員代表機関がある場合」「どちらも無い場合」は否定的企業が、肯定的企業を上回った。

4．企業と研究者・技術者間のトラブル調整

　研究者・技術者と企業との処遇などに関わるトラブルは、企業側は現時点では概ね解決されている、と回答している。また具体的なトラブル解決窓口は、企業側は人事労務担当者、所属の長としている。ここでの問題点は、研究者・技術者が企業同様に、やはり人事労務担当者、所属の長をトラブル解決窓口と

して優先しているかどうか、である。一般的従業員への調査では必ずしもそうではない。理由として、従業員の利益を代表し得るか、あるいは真に中立であり得るかの問題がそこにはある。

なお、研究者・技術者の個別化が進むなかで権利関係および利益関係の紛争が、今後増加すると思われるが、現時点では研究者・技術者とのトラブル調整に、企業の法務担当者が関与するとの回答は少なかった。

5．その他

教育については、企業内での対応は従来からOJTが中心であるが、企業外での教育については、大学など最先端の研究・技術を有する機関での教育に対する期待が高かった。他に、スピンアウトベンチャーに取り組みたいと考えている研究者・技術者がどの程度いるかについては、否定的回答が肯定的回答を上回っており、加えてスピンアウトベンチャーの成功の可能性についても、否定的回答が肯定的回答を大きく上回った。

注
I. 調査の方法「産業の競争力強化に向けた雇用関係の在り方」
1. 調査対象；2002年3月時点で、東証1部、同外国部、同マザーズ、ナスダック・ジャパンに上場している1,601社のうち、電話調査により今回調査対象の「研究者・技術者」を雇用している企業797社を絞り込み、調査を実施した。
2. 調査方法；郵送による調査票の送付・回収を行った。
3. 事業所の属性

・業種（n=102）	建設業15.7%　製造業64.7%　運輸・通信業1.0%　卸売・小売業、飲食店6.9%　金融・保険業2.9%　不動産業0.0%　サービス業6.9%　その他1.0%　無回答・不明1.0%
・正社員数（n=102）	1〜29人2.0%　30〜99人2.9%　100〜299人5.9%　300〜999人21.6%　1,000人以上67.6%

4. 調査項目
    1) 人材流動化　①採用　②退職　③スピンアウト
    2) 組織人事管理　①企業風土、②モラール管理、③人事処遇制度、④インセンティブ

管理、⑤特許権およびノウハウ等の管理
3）教育訓練制度　4）トラブル調整　5）属性
5．実施時期；平成14年3月
6．回収状況：発送797事業所。回答102事業所（回答率12.8％）。
7．調査の各視点について
(1) 人材流動化
(採　用)
①期待どおりの技術者・研究者の採用（質の確保）ができたか否かについては、「満足」41.2％に対して「不満」26.4％と、満足と答えた企業が不満と答えた企業を14.8％ポイント上回っている。
③ここ5年間の技術者・研究者の中途入社者数は、「増加」46.0％に対して「減少」4.9％と、増加が41.1％ポイント上回っている。
④技術者・研究者の人材流動化を積極的に評価するか否かについては、「どちらともいえない」37.3％であったが、「否定的回答」37.3％に対して、「肯定的回答」は20.6％と、否定的回答が16.7％ポイント上回った。
⑤研究・開発技術者数は、5年前と比べて「増加」32.3％、「変化なし」33.3％、「減少」31.3％であった。

(退　職)
①ここ5年間における技術者・研究者の転職者・途中退職者数の状況は、「変化なし」41.2％であるものの、「増加した」との回答は38.2％と、「減少」14.7％を23.5％ポイント上回った。

3）スピンアウト
①スピンアウトベンチャーに取り組みたいと考えている技術者・研究者がどの程度いるかについては、「否定的回答」が54.9％、「肯定的回答」7.8％で、否定的回答が肯定的回答を47.1％上回っている。
②スピンアウトベンチャーの成功の可能性について、「否定的回答」57.9％と「肯定的回答」1.0％を大きく上回っている。

(2) 組織人事管理
(企業風土)
①業績主義を重んじるカルチャーかどうかについての質問には、「業績主義」とする企業は、71.5％と「否定的回答」10.7％を60.8％ポイントも上回った。
②個人より集団を重んじるカルチャーか否かの質問に対しては、「個人を重視する」との回答は48.0％と「否定的回答」15.7％を32.3％上回った。

(モラール管理)
①技術者・研究者のモラールについてどう感じられるかの質問に対しては、「モラールは高

い」と肯定的な回答が54.0%、「どちらともいえない」が38.2%であった。
(人事処遇制度)
①技術者・研究者に適用する資格・処遇ルールと他の職種の社員に適用する資格・処遇ルールとが異なる「複線型の人事制度」を採用しているか否かについては、「採用していない」が74.5%と、「採用している」18.6%を大きく上回った。
②技術者・研究者の賃金は、本人の研究・開発実績により大半決定されていると思うか否かについては、「否定的回答」が39.2%、「肯定的回答」が28.4%、と否定的回答が10.8%ポイント上回った。
③技術者・研究者の賞与は、本人の研究・開発実績により大半決定されている、と思うか否かについては、「肯定的回答」が41.2%、「否定的回答」が35.3%と、肯定的回答が5.9%上回った。
④技術者・研究者の評価は、チーム単位でなく個人に対して行う方が良い、と思うか否かについては、「個人重視の回答」が41.1%と「否定的回答」13.7%を27%ポイント上回った。
(インセンティブ管理)
①技術者・研究者にインセンティブを与える制度として、現在、重視している制度は、「賃金・賞与制度」57.8%、次いで「昇進・昇格制度」54.9%、「社内表彰制度」54.9%そして「報奨金制度」39.2%の順になっている。
②技術者・研究者にインセンティブを与える制度として、今後さらに、あるいは新たに、改革・検討を考えている制度としては、「賃金・賞与制度」38.2%、次いで「昇進・昇格制度」32.4%、そして「報奨金制度」30.4%の順になっている。
③発明報奨制度について、制度の有無と実施状況をみると、「制度があり実績もある企業」は46.1%、「制度の有無を問わなければ50.0%の企業が実績有り」としている。「実績を問わなければ制度有り」とする企業は61.8%の企業が制度有りとしている。なお、制度も実績もない企業は27.5%である。
④実績のある企業に、発明報奨の額について過去5年間の支給実績を聞くと、平均1件当たり、「5万円未満」37.3%、「5万円以上10万円未満」19.6%である。なお、「100万円以上500万円未満」も3.9%となっている。
(特許権およびノウハウ等の管理)
①社内制度上、特許権の帰属がどのようになっているかの質問については、「会社のみに帰属」とする企業が71.6%、次いで「原則は会社帰属だが例外的に特定の社員に帰属させることもある」が12.7%である。
②競業避止義務について、技術者・研究者に何らかの義務を課しているかについては、「課している」50.0%、「課していない」46.1%となっている。
③義務を課している企業にどのような方法をとっているかを尋ねると、「就業規則」が58.8%、次いで「覚書などで確認」が31.4%、「個別の契約締結」は27.5%であった。

④営業秘密に関する守秘義務を、技術者・研究者に課しているか否かについては、「課している」76.5%、「課していない」17.6%となっている。
⑤営業秘密に関する守秘義務を課すと回答のあった企業がどのような方法で課しているかをみると、「就業規則での明示」が83.3%、次いで「覚書などで確認」23.1%、「個別の契約締結」19.2%、「労働協約での明示」12.8%であった。
⑥他社の従業員を中途採用する場合に、営業秘密に関して、中途採用者の元会社と調整をしたことがあるかの質問に対しては、「調整をしたことがない」が87.2%となっている。

(3) 教育訓練制度
①現在、技術者・研究者に対して実施している教育・訓練制度についての質問に対しての回答は、「OJT」が82.4%、次いで「大学への派遣」58.8%となっている。
②今後、技術者・研究者に対して実施している教育・訓練制度についての質問に対しての回答は、「OJT」が56.9%、次いで「大学への派遣」52.0%、「企業外の教育訓練への支援（金銭支援、時間的支援など）」40.2%となっている。

(4) トラブル調整
①技術者・研究者の賃金・賞与などの報酬について深刻なトラブルが生じた場合、どの程度解決しているかは、「解決している」とする企業が77.5%と「解決していない」2.0%を大きく上回っている。
②技術者・研究者の賃金・賞与などの報酬について深刻なトラブルが生じた場合、だれが窓口になって対応するかについては、「人事労務担当者」46.1%、「所属の長」28.4%、「直属の上司」12.7%、「法務担当者」は2.9%となっている。
③技術者・研究者とのトラブルにおいて企業外調整制度を利用するとするならどれを利用するかについては、「弁護士団体や労働組合などの民間団体が実施している労働相談」32.4%、「労働事務所などの労働行政機関が実施している労働相談」24.5%、「個別労働紛争解決促進法に基づく斡旋（各都道府県労働局）」23.5%となっている。なお、「裁判所の利用」については、16.7%、「労働委員会」14.7%となっている。

(5) 属　性
①回答のあった企業を業種別にみると、最も多かったのは製造業（64.7%）で、次いで建設業（15.7%）となっている。
②正社員規模では、1,000人以上が67.6%、300人以上1,000人未満が21.6%、となっている。
③連結海外売上比率を5年前と比較すると、増加46.0%が減少7.9%を38.1%ポイント上回った。

第2章

地域経済における人的資源管理問題

　人的資源管理の問題は、企業や行政などといった組織のものだけでなく、今や地域経済の活性化という面からも大変重要な視点になっている。今後、地方分権が進み、国際的な都市間・地域間競争の時代に突入した場合においては、地域としての人的資源管理の巧拙が経済活力に大きな影響を及ぼすことになるだろう。

1．地域経済における人的資源の重要性

(1) 地域経済と人的資源問題の現状
①地域の単位であまり議論されてこなかった人的資源の問題
　人材、あるいは人的資源（以下、「人的資源」）の問題は、これまでも国家の動向を左右する重要なテーマとして、あるいは企業経営の重要課題として注目されてきた。しかし、最近になるまで、地域経済という単位では、人的資源の育成や確保の問題、さらにはマネジメント等の戦略に関する議論が行われることは少なかった。
　その理由は、これまでの日本経済の主役が、「個人」の単位ではなく、企業というプライベートな、あるいは自治体のようなパブリックな「組織」としての単位であったからである。地域経済においても、その経済活動の中心は企業・事業所という組織であり、それが地方部へ行くほど行政など公的機関の役割が

大きくなる傾向にある。そして、企業であれば本社、行政であれば中央官庁、といった中央集権的な構造が地域における人的資源の果たす役割を希薄なものにしていた。

　これまで日本経済は、「大量生産・大量消費」型のシステムによって成長してきたが、その裏には、社員・職員という個人が企業や行政という組織の中でともに共通した目標に向かって一丸となり、その努力はやがて賃金やポストなどの形で報われるという雇用システムが存在し、かつ有効に機能してきたことがある。特に、戦後の日本は、こうした組織の力によって数々の困難を乗り越えてきた。効率性を追求し、コストの削減や品質の向上等の課題をクリアすることによって国際的な競争力を維持してきたのである。

　地方においては、民間からの設備投資（例えば、規格大量生産を目的とした工場・事業所の新設・増設など）や公共投資（道路などのインフラ整備、地域開発プロジェクト、あるいは補助金、地方交付税の交付など）、外部の組織、すなわち国や大手企業によってもたらされる人やお金によってその地域の経済活力が大きく影響される構造が長らく続いてきた。こうした構造は、地域の自立性や個性を失わせるだけでなく、地域経済が企業、自治体などといった組織体への依存度を高める原因になったと考えられる。

　また、地域経済に人的資源を供給するのは、大学等の教育機関の役割であるが、大学側は、つい最近まで卒業後の就職先などを意識した教育を重視してこなかった。また、地域経済との関係構築についても総じて消極的であったといえる。その一方で、地域経済の主体である企業や自治体も、その採用に当たり特別な技術や能力を要求することなく、採用後、あるいは任用後の独自の研修・訓練によって、自らの組織が必要とする社員や職員を育成・調達する、といった方法をとってきた。

　このように、地域経済において人的資源を供給する教育機関と、その需要者である企業、自治体などとの連携は必ずしも十分なものではなかったが、それぞれが別々の方針のもとに人的資源の問題に対処してきたために、現実には互いに連携を迫られるような場面は少なかったのである。このような理由からも、人的資源のあり方などに関して地域全体として議論するような機会に恵まれな

②過疎・過密対策としての人的資源問題

　地域と人的資源が関係するテーマとして、これまでは、人口の「過疎、過密」といった問題がしばしば議論されてきた。特に、高度経済成長期以降に見られた地方から大都市への人口移動、特に若年層の人口流出は、地方都市や中山間地域などにおける過疎化、高齢化を促進し、地域経済を衰退させる主な原因とされてきた。また、大都市にとっては、人口の急速な流入によって過密がもたらす様々な弊害を一度に抱えることとなり、住宅や学校などの不足やインフラ整備の遅れ、

図表1　地域振興整備事業の概要

事業名	目　的
中核的工業団地の整備	工業集積の低い地方圏への工場の移転を推進するための中核工業団地を整備する。
新産業都市建設事業	大都市への人口・産業の過度な集中を防ぎ、地域格差の是正を図るため、産業立地条件や都市施設を整備する。
テクノポリス構想	特定地域について産業の高度技術に立脚した工業開発を促進する。
頭脳立地構想	特定地域について産業の高度化に寄与する特定事業（産業の頭脳となる業種）の集積を促進する。
産業業務施設再配置促進事業（オフィスアルカディア）	地方地域の拠点としに対して、オフィスなどの産業業務施設の分散・移転を図る。
地域産業集積活性化事業	地域産業の活性を維持するため、試作開発型事業促進施設の整備、管理、賃貸などの事業を行う。
地方拠点都市の整備	都市の発展の拠点となるべき地域の整備、および産業業務施設の再配備を促進する。
ニューメディア・コミュニティ構想	地域の産業、社会、生活の各分野における各種のモデル情報システムを構築し、地域への導入・普及を進める。
テレトピア構想	情報通信基盤をモデル都市に集中的に導入し、高度情報化社会への対応を図る。
インテリジェント・シティ構想	高度情報センター、インテリジェントビルなどの高度情報基盤・システムを都市整備に必要な各種事業と一体的・総合的に整備する。
研究基盤整備事業	大型化、特殊化する研究開発に必要な施設・人材を産学官の協力によって確保し、地域の技術振興を図る。
戦略的地域技術形成事業	複数の都道府県にまたがって地域の産学官が連携して、中小企業のレベルアップ、新技術の導入を促進する。

物価等の上昇といった社会経済的な問題、さらには交通量の拡大や工場の煤煙などが引き起こす騒音・渋滞・公害などの環境問題が深刻になった。

こうした状況に対して、国や自治体は、製造業等の工場や研究所の地方への誘致・誘導（例えば、テクノポリス構想）、事業所・事務所の都市から地方への移転促進（例えば、オフィス・アルカディア計画）などといった産業政策・国土政策を推し進めることで、地方部に就労の場を確保して若年人口の流出を防ぐと同時に、大都市からのUターンやIターンによる人的資源の受け皿となることを期待したのである（図表1）。

しかし、こうした政策努力にもかかわらず、地方への人口の分散はあまり進展していない、というのが現状である。例えば、この20年間の人口の転出入の状況について見ると、東京都市圏（東京都、埼玉県、千葉県、神奈川県）の転入超過は1987年をピークに減少したものの、1994年以降再び増大に転じ、東京

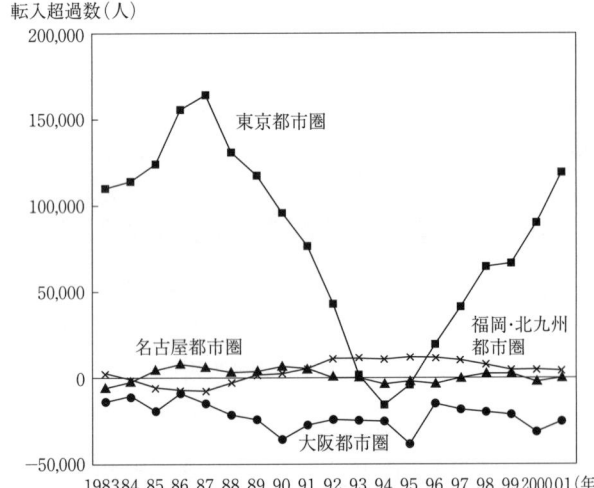

図表2　人口の地域間移動の状況

注：東京都市圏…東京都、埼玉県、千葉県、神奈川県
　　大阪都市圏…大阪府、京都府、兵庫県、奈良県
　　名古屋都市圏…愛知県、岐阜県
　　福岡・北九州都市圏…福岡県
資料：総務省「平成13年住民基本台帳人口移動報告」より作成。

都市圏一極集中の傾向が強まりつつある（図表2）。

(2) 地域経済の発展に不可欠な人的資源
①産業構造の転換と人的資源問題

　日本の産業構造は、現在大きな転換期にある。中国を初め東アジア経済の台頭によって、労働集約型で付加価値の低い産業や、効率性の低い組織・システムは日本国内で急速に競争力を失いつつあり、市場から撤退するか、海外へ進出するかの選択を迫られている。これに伴って、国内においては製造業からサービス産業へ、大量生産型から少量多品種型へ、さらにはより付加価値の高い産業へ、デザインやアイデア、コンテンツ等といった優れた財・サービスを生み出し、またこれを消費する経済へ、と産業の重心が大きくシフトしつつある。

　こうした産業構造の動きに連動するように、産業における人的資源の重要性がますます大きくなってきている。「機械・プラント」といった量や規模を競う時代から「知恵・知識」などを武器にした質的な競争へと局面が変化し、産業競争力の源泉が移行しつつある。

　図表3は、過去35年間の職業大分類別就業者構成比の推移を見たものである

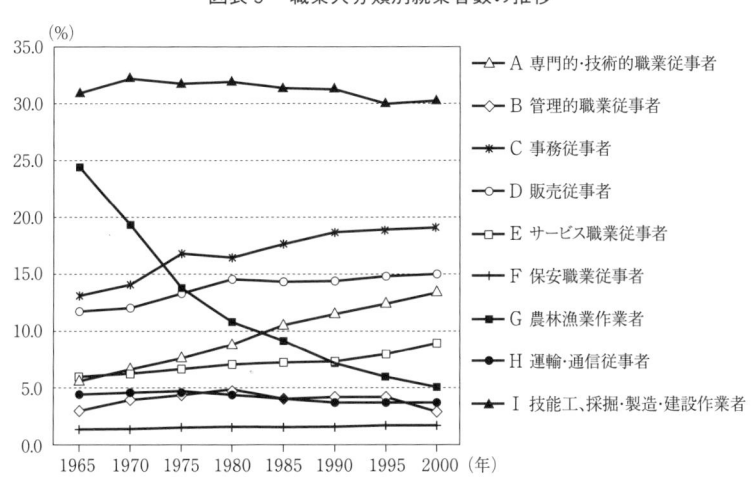

図表3　職業大分類別就業者数の推移

凡例：
- A 専門的・技術的職業従事者
- B 管理的職業従事者
- C 事務従事者
- D 販売従事者
- E サービス職業従事者
- F 保安職業従事者
- G 農林漁業作業者
- H 運輸・通信従事者
- I 技能工、採掘・製造・建設作業者

資料：総務省「平成12年国勢調査報告」より作成。

が、専門的・技術的職業に従事している人の割合が35年前のおよそ2.5倍に増加しているほか、サービス職業従業者、事務従業者の割合が増加している。

今後、知恵や知識といった分野での競争を勝ち残るためには、特許など既存の知的財産[1]を保護し、また活用するためのシステムが重要になることはもちろんであるが、高度な知識や技術を有する研究者・技術者、創造性豊かなクリエーター、さらには旧来からの構造や慣行を打破し、改革を推進するマインドを持った起業家、改革者、さらには国際感覚に優れマネジメント能力にも秀でた経営者、等といった人的資源そのもののウエイトが、民間、公的のセクションにかかわらず地域経済の中で重要度を高めていくことが予想される。

これからの地域経済の動向、さらにはその命運は、このような知識・知恵、能力を持った人的資源を地域の中で確保・育成することができるか、そしてその能力を十分に発揮できる環境を提供できるか、にかかっているといっても過言ではない。

②国際化の進展と人的資源問題

国内の競争に加えて、国際化がさらに進展することにより、人的資源をめぐる対立の構図が「地方対東京」という単純なものから、世界の国や地域を巻き込んだより複雑な関係へと変貌しつつある。もはや東京都市圏だけが人的資源の問題で優位な状況ではなくなってきている。

特に日本の場合に特徴的なのが、新しい分野の研究や特異なビジネスの起業、およびそれらの研究者、経営者などに対して、いまだに強い排他性、閉鎖性が見られることである。そこには、「出る杭は打たれる」という雰囲気が依然として存在しているのである。また、大学などの研究者の地位は比較的安定しているが、その一方で若手の研究者などが大抜擢されるようなことも少ない。こうした現象は、他者との協調性を大切にしてきた日本に特徴的な風土ともいうべきものであろうし、教授を頂点とした研究室内のヒエラルキーがいまだに力を維持していることの証でもある。しかし、かつてのように海外で研究活動を行うことに制約がなくなり、待遇面や研究環境が飛躍的に向上してくると、先進的であることや他者と違うことに対する風当たり、閉鎖的で序列が重視される

研究環境・人事・組織等を嫌って、日本から海外に流出する優秀な学者・研究者、経営者も少なくない。

このような人的資源をめぐる厳しい競争状況の中で、それぞれの地域が活力を維持するために必要な量を確保することは決して容易なことではないのである。今後、地域がその発展に必要な人的資源を確保していくためには、地域として人的資源の確保やその育成に関して明確なビジョンを持ち、地域の個性・特性に基づいた戦略を立てて、これを着実に実行していくことがますます重要になるものと考えられる。

③地域経済の競争力と人的資源問題

人的資源が地域経済の発展にとって不可欠な要素であることは、これまでに述べたとおりであるが、これは同時に、国としての産業競争力にも大きく影響する要素であることを示唆するものである。

例えば、1990年代の英国、米国の労働生産性の伸びを見ると、両国とも日本を大きく上回って推移している。これは、英国や米国の国際競争力が、この時期向上していることを示すものである（図表4）。

図表4　労働生産性（就業者1人当たりの実質県民総支出）の推移（1990年＝100）

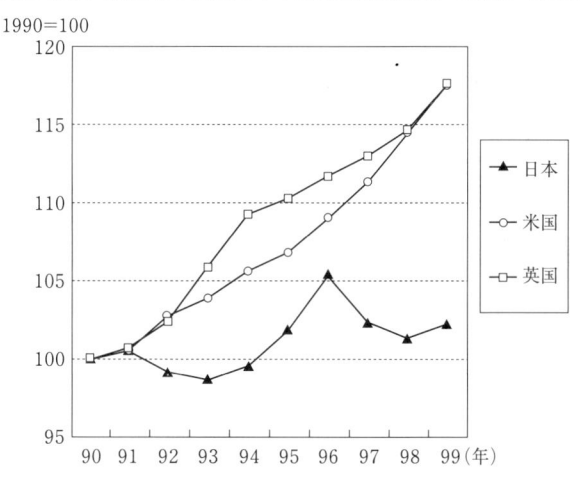

資料：内閣府「平成11年度県民経済計算年報」、日本銀行「国際比較統計2000年」、総務省「平成11年労働力調査」。

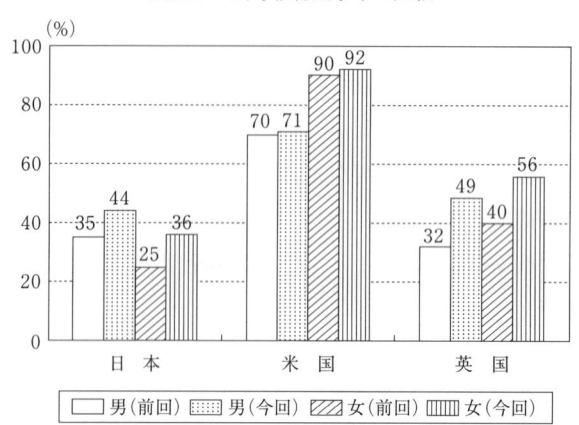

図表5　高等教育進学率の比較

(%) 日本：男(前回)35、男(今回)44、女(前回)25、女(今回)36
米国：男(前回)70、男(今回)71、女(前回)90、女(今回)92
英国：男(前回)32、男(今回)49、女(前回)40、女(今回)56

注：分母となる該当年齢は18～22歳人口。
　　前回のデータは、日本1991年、米国1993年、英国1994年。
　　今回のデータは、日本1994年、米国1995年、英国1996年。
資料：United Nations Educational, Scientific and Cultural Organization.

　一方で、これらの国々の大学・大学院への進学率は、日本に比較して高いことが分かっている（図表5）。高度な知識や専門的なノウハウを持った人的資源、あるいは創造性豊かな人的資源の確保や育成が、今後の地域経済としての産業競争力を、さらには国としての国際的な産業競争力を決定づける重要な要素の1つになっていくものと考えられる。

④地方分権と人的資源問題

　地域経済の発展において人的資源の問題がクローズアップされる背景には、地方分権に向けた流れがある。東京を中心とした中央集権的なシステムは、現在でも依然として強固なものがあるが、国の財政赤字が大きく拡大する中で、中央と地方の役割を見直す動きが活発になってきている。地方分権の推進には、税財政の改革が重要なポイントであり、現在、政府などにおいて様々な議論がなされているところであるが[2]、その結果如何にかかわらず、将来、各々の地域において、行政権限や裁量権が拡大することは間違いない。このような状況下においては、地域運営の巧拙こそが地域の活力や魅力の形成に大きく影響す

ることになり、地域間格差はこれまで以上に拡大することも予想される。

　地域が自らの魅力や産業の競争力を高め、今後予想される地域間競争に勝ち残るためには、地域を適切に運営し、自ら企画し、望ましい方向に動かしていくことのできる能力を持った人的資源の存在が極めて大きくなる。地域は、自らの力でこうした人的資源の活用・管理の問題に対応していくことが求められているのである。

2．地域経済に求められる人的資源とは

(1) 地域経済発展の方向性と必要施策
①地域経済発展の方向性

　現在、地域経済が抱える課題は極めて多岐にわたり、その構造は各要素が相互に絡み合って複雑になっているが、地域経済活性化に対するこれまでの取組みと、最近の潮流などから、地域の産業活性化と経済発展を維持するために必要とされる施策の方向性を、

　　・地域産業の高付加価値化、サービス化
　　・新産業の創出
　　・国際的な投資や交流の促進

に集約することができる[3]。

　これら地域経済発展の方向性について概観すると、これまでは、企業誘致や新産業の創出といった方策が特に重視される傾向にあった。地域に既存の産業との関連性が仮に疎遠であったとしても、先端産業と称される企業や、雇用吸収力が期待されるような大規模工場などが誘致の対象としてもてはやされてきた。

　特に1980年代までは、多くの地方自治体にとっては加工組立型産業や先端技術型産業が企業誘致の重要なターゲットであり、最近では情報関連産業（IT産業）やバイオ産業等と呼ばれる企業・業種がこれに該当する。企業誘致の現場では、こうした産業・企業を複数の自治体が奪い合うといった構図が長らく続いてきた。最近では、立地補助金や奨励金等と称して億単位の税金が企業に提

供されることも珍しいことではない。企業の誘致は、依然として重要な地域振興方策であり、今後は国際的なマーケットの拡大から、海外からの投資の呼び込みといった視点もより注目されることになろう。新産業の創出においても、企業誘致の場合と同様、前述のような特定業種を有望ターゲットとして重視する傾向が強かったことは否定できない。

しかし、現状において、地域の外から産業の中核施設（例えば大規模工場等）を誘致して地域振興を図る、といった従来型の地域活性化のシナリオが成立しにくくなっていることも事実である。また、新産業の創出については中長期的には大変重要な施策ではあるものの、ベンチャー企業の育成には相当の時間とお金がかかるように、現状では地域の産業を担うにはまだまだ力不足である。

こうした現状を踏まえると、これまで地域の発展を支え、特徴づけてきた地域産業における高付加価値化、サービス化という視点が、前記の2つに劣らず重要な施策になってくる。既存産業等の高付加価値化という施策についても、企業誘致（国際的な投資や交流の促進）や新産業の創出などと等しく注力し、地域それぞれに固有の資源を核とした産業振興、および地域活性化のための施策展開について検討することが求められている。

また、人々の価値観・労働観の多様化や環境問題への意識の高まりなどにより、産業や労働に対する意識や社会的な位置づけにおいて大きな変化が生じている点も注目に値する。これまでの産業分類には当てはまらないような産業分野の活動が、就業の場、あるいは自己表現、自己実現の場等として見直されつつある。地域で雇用を増やす方法は、単に大規模工場や情報産業を誘致することに限られるものではない。既存産業におけるIT化や新たなビジネスモデルへの取組み、新技術による新規事業の展開、さらにはNPOやコミュニティビジネスの組織化や運営、などといった様々な分野にも、自己の知識や知恵、能力を発揮できる余地が十分にある。

②地域経済の発展に必要な施策

地域に既存の産業について高付加価値化、サービス化を推進するためには、例えば、

・既存産業の知識集約型産業への転換
・大学等における知的財産の活用

などについて具体的施策の検討が必要と考えられる。ここには、人的資源の集積やその能力の活用に関わる課題を解決が大きく関わってくる。

また、新産業の創出を促進するためには、例えば、

・起業家の育成やベンチャー支援のための諸機能の充実
・NPO、コミュニティビジネスなどの活動支援

などに関する施策の具体化が重要になる。これらの施策は、地域における人的資源の育成問題などとほぼイコールである。

さらに、国際的な投資や交流を促進するためには、例えば、

・国際間の投資・交流を促すための規制緩和・制度変更
・国際的に見ても高レベルの投資環境、交流拠点の整備

などといった施策の実現・推進が重要になると考えられる。対日直接投資は、一見、人的資源の問題とは無関係のように見られがちであるが、外国企業が投資をする際に、その地域の人的資源の状況、すなわち「優れた労働力や幹部社員の調達容易性」あるいは「ビジネスをサポートする人材や機能の集積」等は、意思決定において非常に重要な要因の1つになっていることが分かっている[4]。

(2) 地域経済に必要とされる知識・知恵、能力
①地域経済の発展に必要な知識・知恵、能力

地域経済の発展のために、前述（1）のような施策を実現しようとすれば、具体的にどのような知識や知恵、能力が必要になるのであろうか。今後求められる知識・知恵、能力の内容をイメージする上で有用なキーワードとして、以下に示すようなものが考えられる。

(知識・知恵のイメージ)

　専門知識、ノウハウ、理論・学説、過去の歴史・事実、成功事例、失敗事例、人材情報（人脈）、市場動向、法律関係、財務・会計、人事管理　等々

　これらの知識や知恵の内容や水準は、一般的、常識的なものにとどまらず、より深い専門性を持ち、また広い範囲をカバーし、先進性を確保することが求

められる。
(能力のイメージ)

　創造力、マッチメイキング能力、コーディネート能力、研究開発能力、交渉（ネゴシエーション）能力、コミュニケーション能力、語学力、調査・分析能力、自己管理能力　等々

　能力の内容については、特に、「模倣から創造へ」という社会潮流に対応できることが肝要である。こうした状況の下では、他者を分析し、その長所・短所を理解し、その上で自らが考え、意思決定する、といった自己管理の能力が求められる。

②地域経済の発展に求められる職種・業態のイメージ

　上記のようなキーワードから想定される知識・知恵、能力を数多く備えた職種・業態の存在、あるいは人材の集積こそが地域経済において重要な資源である。現時点でイメージされる具体的な職種・業態としては、例えば次のようなものが考えられる。

(職種・業態のイメージ)

　コーディネーター、プロデューサー、クリエーター、起業家（アントレプレナー）、エンジニア、研究者、高度技能者、弁護士（渉外弁護士、企業弁護士）、会計士、アドバイザー、コンサルタント、通訳、デザイナー　等々

　こうした職種・業種に属する人材は、上に示したような知識や知恵、能力の発揮とその水準を維持するために、高度な専門知識や、最新の動向などを絶えず入手するための努力と、ルートを確保していることが求められる。また、そこでは、有効な人的ネットワーク、活きた知的ネットワークが常時機能し、お互いの能力が切磋琢磨することによる相乗効果の発揮や情報の更新などが継続的に行われていることが重要である。

3．人的資源管理に関わる問題点

(1) 地域的な格差・偏り ── 東京に集中する人的資源 ──

前述のようなハイナレッジで創造的な人的資源の分布には、現在、大きな地域的偏りが存在する。すなわち、地域経済の発展に必要な人的資源の多くは、大都市、その中でも特に東京都市圏に集中して分布しているのである。人的資源が地域経済の活力、さらには産業競争力を左右する重要な要因となりつつある今日において、人的資源の地域的な偏りは、日本の国土開発がめざす「国土の均衡ある発展」をますます困難なものにしている。

例えば、図表6は就業者全体に占める各学歴別就業者の比率を東京、関東、関西で比較したものであるが、東京、関東の大卒者の割合は、関西と比較して高くなっており、関西と東京との間にはおよそ9％もの差が存在する。

また、図表7はビジネス活動をサポートする上で重要なサービス業である弁護士・弁理士の数や、創造的な人材の代替指標としての創造法認定企業数を人

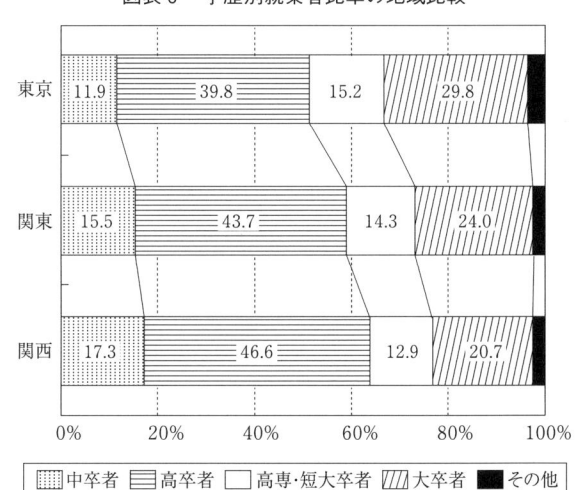

図表6　学歴別就業者比率の地域比較

地域	中卒者	高卒者	高専・短大卒者	大卒者	その他
東京	11.9	39.8	15.2	29.8	
関東	15.5	43.7	14.3	24.0	
関西	17.3	46.6	12.9	20.7	

資料：厚生労働省「平成9年賃金構造基本調査」および総務省「平成9年就業構造基本調査報告」より作成。

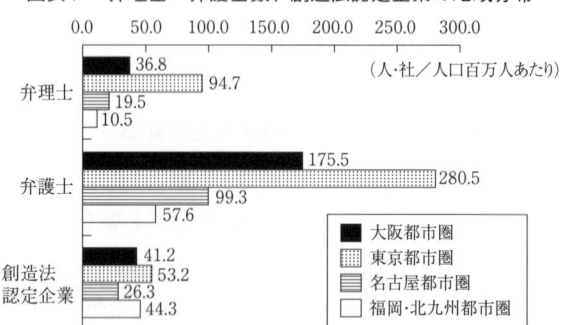

図表7　弁理士・弁護士数、創造法認定企業の地域分布

弁理士
- 大阪都市圏: 36.8
- 東京都市圏: 94.7
- 名古屋都市圏: 19.5
- 福岡・北九州都市圏: 10.5

弁護士
- 大阪都市圏: 175.5
- 東京都市圏: 280.5
- 名古屋都市圏: 99.3
- 福岡・北九州都市圏: 57.6

創造法認定企業
- 大阪都市圏: 41.2
- 東京都市圏: 53.2
- 名古屋都市圏: 26.3
- 福岡・北九州都市圏: 44.3

(人・社／人口百万人あたり)

注：弁理士数は平成11年5月現在、弁護士数は平成11年7月現在。各都市圏のエリアについては、図表2に同じ。
　　創造法認定企業（研究開発型企業として、中小企業の創造的事業活動の促進に関する臨時措置法の認定を受けた企業）数は、平成11年6月末現在。
資料：特許庁データほかより作成。

口百万人当たりで比較したものである。これを見ても、ハイナレッジな人的資源が東京都市圏に集中していることが分かる。

　また、国立の試験研究機関や民間の研究所などの大半が東京都市圏に立地しているため、民間の学術研究機関に勤務する研究者などの従業者数の半数以上（53.5％）が東京都市圏に集中している、という状況にある（図表8）。

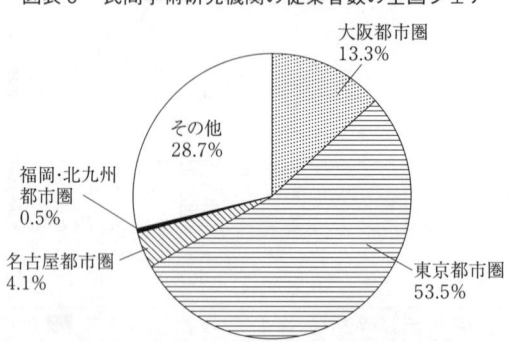

図表8　民間学術研究機関の従業者数の全国シェア

- 大阪都市圏: 13.3%
- その他: 28.7%
- 福岡・北九州都市圏: 0.5%
- 名古屋都市圏: 4.1%
- 東京都市圏: 53.5%

注：各都市圏のエリアについては、図表2に同じ。
資料：総務省「平成11年事業所・企業統計調査」より作成。

また、図表 9 は、京都大学経済学部の卒業者名簿をもとに、卒業生の居住地を卒業年次ごとに見たものであるが、年齢が高くなるとともに関東を居住地とする人の割合が増加していることが分かる。

図表10は、図表 9 と同様に大阪大学経済学部の卒業生の居住地を卒業年次ご

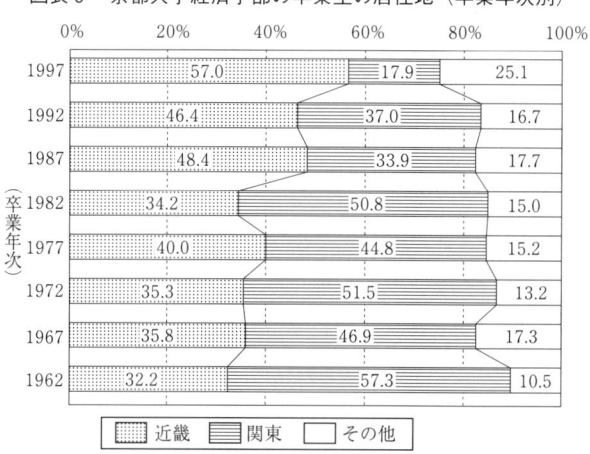

図表 9　京都大学経済学部の卒業生の居住地（卒業年次別）

（卒業年次）

年次	近畿	関東	その他
1997	57.0	17.9	25.1
1992	46.4	37.0	16.7
1987	48.4	33.9	17.7
1982	34.2	50.8	15.0
1977	40.0	44.8	15.2
1972	35.3	51.5	13.2
1967	35.8	46.9	17.3
1962	32.2	57.3	10.5

資料：（財）関西社会経済研究所「産業競争力強化に関する調査研究」（2003年 3 月）。

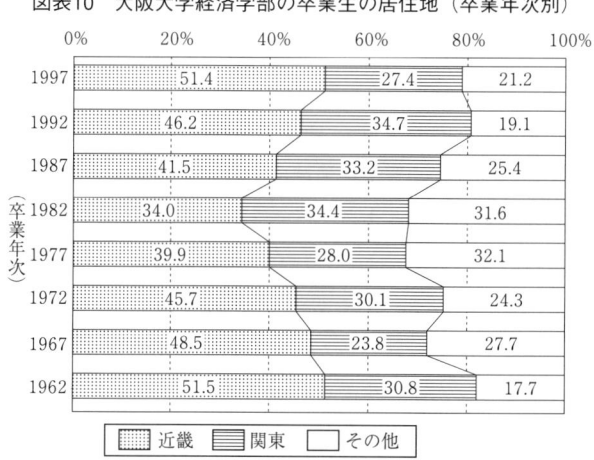

図表10　大阪大学経済学部の卒業生の居住地（卒業年次別）

（卒業年次）

年次	近畿	関東	その他
1997	51.4	27.4	21.2
1992	46.2	34.7	19.1
1987	41.5	33.2	25.4
1982	34.0	34.4	31.6
1977	39.9	28.0	32.1
1972	45.7	30.1	24.3
1967	48.5	23.8	27.7
1962	51.5	30.8	17.7

資料：（財）関西社会経済研究所「産業競争力強化に関する調査研究」（2003年 3 月）。

とに見たものである。大阪大学の場合は、地元地域の大学としての性格が強く、京都大学ほどの極端な動きこそ見られないものの、最も働き盛りと見られる40歳代前後の人材（卒業年次で1982年前後）が、関東を初め、地元近畿以外の地域で活躍している様子がうかがえる。

このように、人的資源の分布における地域的な偏りが生じることの背景には、政府、企業等の中枢機能等が東京に一極集中していること、世界規模のマーケットが持つ魅力とともに成功のチャンスが存在していること、国家的機関、国際的機関の集積に伴ってグローバルな情報が集中していること、等々の外的要因が相互に原因し合っているものと考えられる。

こうした状況に対し、東京都市圏以外の多くの地域、中でも地方部に行くほど、企業誘致などによる若年人口の流出防止策はあっても、地域経済の将来像を見据えた人的資源の確保や育成、滞留についての総合的な戦略に乏しく、十分な対抗策を打ち出すことができなかった。こうしたことが、地域から東京を筆頭とする大都市への一方向的な人的資源の流出とその偏在を招いた原因の1つであると考えられる。

今後、情報化の進展や産業のサービス化、国際化などの構造転換が進むにつれて、企業や自治体においても経営の効率性、収益性がますます追求されるものと予想されることから、このような人的資源の一極集中傾向はしばらく続くものと想定される。

(2) 教育・育成システムの不備 —— 地域での教育・訓練体制の遅れ ——

地域経済を支えるべき人的資源を地域内で教育・育成するシステムにおいても、現状では大きな問題が存在する。

現在、民間企業においては、すでに終身雇用制の崩壊と成果主義の台頭によって、日本においてもこれまでの企業によるOJTを中心とした人的資源育成のシステムから、大学・大学院教育等を核としたスキルアップのシステムへ、さらには自己のスキルとその成長に応じて異なる職場を移動するシステムへ、と移行しつつある。

こうした状況に対して、地域の側においては、一部で大学院教育や社会人教

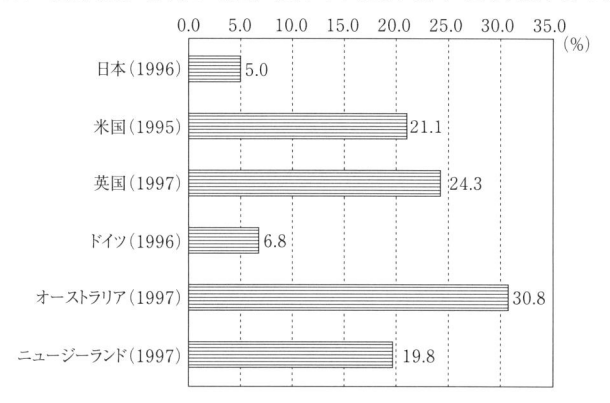

図表11　高等教育（大学に相当）全体の卒業者に対する大学院卒者の割合

国	割合(%)
日本（1996）	5.0
米国（1995）	21.1
英国（1997）	24.3
ドイツ（1996）	6.8
オーストラリア（1997）	30.8
ニュージーランド（1997）	19.8

資料：ユネスコ文化統計年鑑1999。

育の充実など、人的資源の確保・育成を意識した動きが見られる。しかしながら、いったん就職した後の大学・大学院などへの再就学の仕組みや、課程修了後の復職、転職の円滑化に向けた受け皿づくりについては十分に進んでいるとはいい難い状況にある。このような現状から、日本の大学卒業者に占める大学院卒者の割合は、諸外国との比較でもまだまだ低い水準にとどまっており、特に、英国、米国との間には大きな格差がある（図表11）。

　また、大学・大学院の方でも、ビジネスに有用な人的資源を育成するためのカリキュラムの整備はまだまだこれからというところである。近年、各地の大学においてビジネススクールやロースクールの設置に向けた動きが顕著になりつつあるが、現状、学生を教育・指導する側の人材不足も否めず、これを補うには多額の資金と時間が必要となる。

(3) 能力発揮に関わる制約
①労働制度の問題

　雇用者の年間総労働時間はこの30年の間に大きく減少する傾向にある（図表12）。しかしながら、現状では、雇用者の多くは兼業が制限されているか、事実上不可能な状況にある。

　また、ワークシェアリング、あるいはジョブシェアリングといった制度[5)][6)]

図表12　雇用者の年間総労働時間の推移

注：事業所規模30人以上、月間総実労働時間数を12倍したもの
資料：厚生労働省「平成12年版毎月勤労統計要覧」。

の導入・普及についても、雇用の維持を目的とした緊急避難的なケースを含めても日本ではあまり進んでいない。(図表13)

すなわち、現行の制度下では、特定の企業が個人の能力発揮の機会をほぼ独占している状況にある。仮に、ある個人が自己の持つ様々な知識や能力を多様

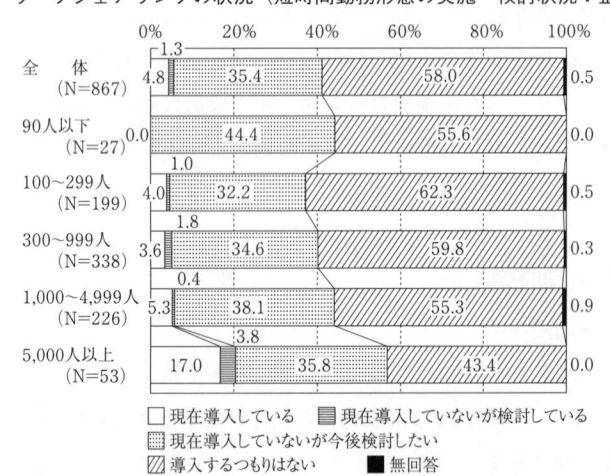

図表13　ワークシェアリングの状況（短時間勤務形態の実施・検討状況：企業調査）

	現在導入している	現在導入していないが検討している	現在導入していないが今後検討したい	導入するつもりはない	無回答
全体 (N=867)	1.3	4.8	35.4	58.0	0.5
90人以下 (N=27)	0.0	0.0	44.4	55.6	0.0
100～299人 (N=199)	1.0	4.0	32.2	62.3	0.5
300～999人 (N=338)	1.8	3.6	34.6	59.8	0.3
1,000～4,999人 (N=226)	0.4	5.3	38.1	55.3	0.9
5,000人以上 (N=53)	3.8	17.0	35.8	43.4	0.0

資料：厚生労働省「ワークシェアリングに関する調査研究報告書」(2001年4月)。

な場面で発揮、活用することを望んでいたとしても、あるいは、社会的な要請があったとしても、現状では、これを実現するための場や機会が奪われている。

こうした制度は、人的資源の不足に悩む地域経済にとっては誠に不都合なものであるといわざるを得ない。すなわち、新たな人的資源の獲得や育成が容易ではない状況下においては、既存の1人の人間が有する多様な能力を可能な限り活用することによって、地域経済が必要とする能力を補完するという、より積極的な意味でのワークシェアの考え方が重要になると考えられるからである。しかし現状、こうした選択は事実上困難となっている。

②能力発揮の場の未整備

個人が有する様々な能力を発揮する際の受け皿であり、地域経済にとって必要な人的資源を供給する母体として期待されているのが、NPO（Non-Profit Organization）やコミュニティビジネスなど、官でも民でもない第三番目のセクターである。1998年12月にNPO法が施行され、法人格を持てるようになり、その後の法改正で対象分野が拡大するなど、NPOが活動しやすい環境が整備されつつあるが、日本においてこうした組織の認知度、プレゼンスはまだまだ十分ではない。そのため、NPOが知的な人的資源の就労の場、あるいは能力発揮の場として選択される機会はまだ乏しく、個人個人の持つ潜在的な能力を地域経済のために役立てるための受け皿として機能するには、まだしばらく時間がか

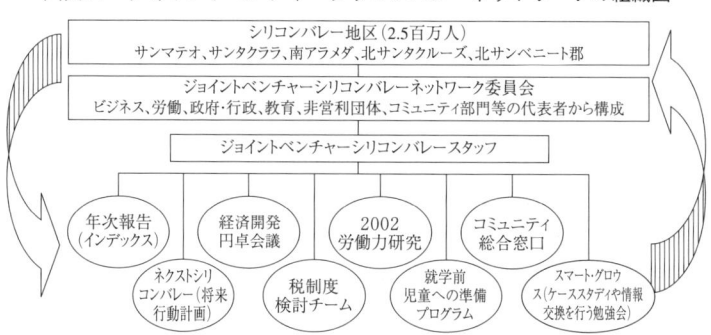

図表14　ジョイントベンチャーシリコンバレーネットワークの組織図

資料：Joint Venture Silicon Valley Network

かるものと見られる。

　米国ではNPOのような組織が、地域の様々な活力の受け皿として、地域活性化の機能を担い成功している例が見られる。例えば、米国カリフォルニア州サンノゼにある「ジョイントベンチャーシリコンバレーネットワーク（Joint Venture Silicon Valley Network）」は、シリコンバレー周辺の、30の市を含む地域の経済的・社会的な課題の解決にリーダーシップを発揮しているNPOとして有名である。

　ジョイントベンチャーシリコンバレーネットワークでは、シリコンバレーのグランドデザインともいうべき「シリコンバレー2010」（1998年10月発行）を作成している。これは、「地域がいっしょに成長するフレームワーク」と題し、2,000人以上の地域のリーダーが2010年までのシリコンバレーがどのようになりたいか、について意見を出し合って作成されたものである[7]。

　経営者層、労働者層、地域住民などのコミュニティなど様々な出身母体を持つ人材がここに参加して、地域社会、地域経済において重要な問題について議論し、提言し、また行動計画を作成して実行に移す努力を行っている。

　日本には、地域経済の問題解決のために活動しているNPOの活動例はまだまだ少ない。行政や経済界などの協力・主導によって、上記のような機能を専門とするNPOの設置とその機能強化、プレゼンスアップが求められるところである。このような組織体であれば、中・長期的な視点からプロフェッショナルな人的資源を確保・育成することも可能であり、ノウハウや情報、人的ネットワーク等を蓄積することが容易になる。

③資格・在留に関わる障壁

　資格や外国人の在留に関する現行制度やその取扱いについても、有用な人的資源確保の観点からは数々の問題が存在する。例えば、日本では、米国のように資格と職種や対遇・処遇等との間に明確な関係が乏しい。資格に相当する業務が任されずにその能力が活用されていない場合や、十分な待遇が受けられない場合が多いこと、海外で取得した資格が国内では通用しないか、あるいは制約があること、さらには、資格（能力）を持った外国人の就労が国内において

受け入れにくいこと、などといった点を指摘することができる[8]。
　また、日本で外国人が就労するには、資格問題のほかにも有形無形の障害が依然として存在しており、日常生活の面でも、依然として様々なバリアーが存在する。こうしたことも、外国人研究者、労働者の受け入れがなかなか進まない原因である。
　このような状況に対して、政府の進める「構造改革特区」のうち、産業に関わる特区においては、
　・外国人研究者の受け入れ促進
　・外国人の入国、在留申請の優先処理
などが、特区における特例措置として申請されて、いずれも認められる方向にある。2003年8月に発表された構造改革特区計画の第2次認定では、次のような計画において上記の特例措置が申請されている。
　・北海道札幌市「さっぽろベンチャー創出特区」
　・　同　函館市「マリンフロンティア科学技術研究特区」
　・長野県長野市「ものづくり研究開発促進特区」
　・静岡県浜松市他「光技術関連産業集積促進特区」
　・愛知県名古屋市ほか「あいち・なごやモノづくり研究開発特区」
　・福岡県大牟田市「環境創造新産業特区」
　しかしながら、地域限定的な取組みにはおのずと限界がある。外国の優秀な人的資源を地域活性化の原動力の1つとするためには、さらなる人的資源の交流促進を図るための政策転換が必要であろう。

4．地域経済における人的資源管理

(1) 人的資源に関する戦略策定
①目標の設定
　地域経済における人的資源管理の問題を解決するためには、その地域や産業経済についての将来像に関し、行政、企業、大学、市民等が十分な議論のもと

にコンセンサスを形成するとともに、将来像の実現に向けて必要となる人的資源とその能力の内容、水準等についての目標を設定する必要がある。

②計画と戦略の策定

今後、地域経済にとって必要とされる人的資源や能力に関する目標を明確にした後、その調達や育成の方法、適正な配置等について地域全体の問題として検討し、「人的資源の確保と育成」に関する実行計画の立案とその実現のための戦略を策定することが重要である。

(2) 人的資源の管理に向けた取組み

地域経済にとって必要とされる人的資源を将来にわたって量的・質的に確保し、その能力を発揮させていくためには、その地域としての供給力、および調達力を強化することが重要である。それには、①地域経済の中から「創出・育成」する方法、②域外より「誘致・導入」する方法、③集められた人的資源を域内で可能な限り「滞留・定着・交流」させる方法、そして、④既存の人的資源を最大限活用する方法、のそれぞれについて検討を進めることが必要である。

これらの方策の推進にあたっては、行政を初めとして、大学や企業、地域住民等の役割が今後一層重要になってくる。

①供給力の強化に向けて（大学・企業等が主体となった人的資源の創出・育成の促進）

人的資源の創出・育成にあたっては、地域の大学、および地元の企業の役割が重要になる。

まず、各地域の大学・大学院においては、地域経済の発展にとって必要な能力を持った人的資源を教育し、輩出することを念頭においた教育カリキュラムの作成や、社会人、あるいは社会人経験者などへの再教育、研修・訓練のためのメニューを整備・強化する必要があろう。

こうした大学側の取組みと並行して、地元の企業や経済界などは、大学の地域に向けた人的資源供給への取組みを評価するとともに、こうした動きに積極的な大学やその研究者に対して人的、資金的な協力を行うことが求められる。

具体的には、寄付講座の強化、学生や社員の教育・研修に対して講師の相互派遣、インターンシップの拡大・推進　等々が考えられる。

②調達力の強化に向けて（行政・大学・企業等が主体となった人的資源の誘致・導入の促進）

　人的資源の誘致・導入には、地元の自治体と地域の大学、および企業の果たす役割が重要になる。

　これまで多くの自治体は、雇用の維持や税収の確保・増加等を主要な目的として企業誘致に力を入れてきた。しかし、付加価値創出の源泉が企業による設備投資などから知的資源に移りつつある中では、人的資源の「誘致」という方向へ施策の中心をシフトする必要がある。今後、行政としては、大きな付加価値を生み出す人的資源や、知的な資源の受け皿となり得る事業所・企業、研究所、活動拠点等の整備や誘致にこれまで以上の資源を投入することが求められる。また、行政の内部にもこうした人的資源を積極的に取り入れる努力を行うことが重要である。

　地域の大学は、地域経済にとって必要とされる人的資源の供給源としてだけでなく、知的な人的資源の誘致・誘導においても主体的な役割を果たすことが求められる。すなわち、優秀な学者・研究者の招聘、特に地域経済の発展に有益な研究や貢献において実績のある人材の採用・獲得を積極的に行う必要がある。世界的に有名な学者・研究者の招聘も重要なことであるが[9]、今後近い将来、少子化の影響によって大学間の競争がさらに激化することが予想される中で、地域経済との間に強力なネットワークを構築することは、きたるべき大学間競争を勝ち残る上での重要な戦略になるものと考えられる[10]。

　また地域の企業においても、地域経済の発展に貢献するような研究、活動に積極的な学者・研究者を高く評価し、その研究活動を人的・資金的にバックアップするような仕組みを地域で構築することが重要である。こうした仕組みが各々の地域で構築されれば、優秀な学者・研究者の当該地域への定着が促進され、地域経済への貢献、地域問題への積極的関与に対するインセンティブを高めることになる。また、このような独自の動きが、次の研究者を地域に誘導す

る一因ともなる。

③滞留・定着・交流の促進に向けて（企業・行政等が主体となった人的資源の滞留・交流の促進）

　お金と時間をかけて育成し、集めた人的資源を地域に滞留・定着させることもまた、重要な方策である。そのためには、地元の市民、企業、および自治体の役割が重要になる。

　優れた人的資源を地域に定着させるには、その能力発揮の機会を充実させることが何より重要であるが、生活・居住といった面で地域が十分に魅力的であることも求められる。人的資源が長期間、特定の場所に滞留し定着するためには、生活や居住に係るコストや利便性などは確かに重要な要素である。しかし、同時に当該地域がこうした人的資源に対して、知的な刺激を提供し続けることができるかどうか、言い換えれば、刻々と変化する社会経済の中で、これらの人的資源を引きつけておくだけの魅力的なまちづくりが継続して行われ得るかどうか、という点がより重要なポイントであろう。

　これまでのまちづくりは、自治体等行政が主導して行ってきた。しかし、これまでの手法ではややもすれば画一的で硬直的なまちづくりに陥りやすい。各々の地域の特徴に根ざし、かつ急速に変化する社会経済にも適合した魅力的なまちづくりを進めるには、行政による対応だけでは限界があり、地元の市民

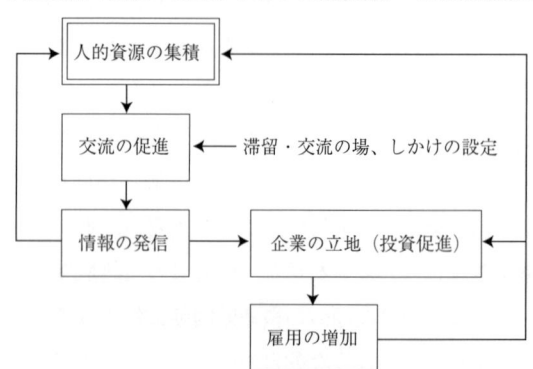

図表15　人的資源の集積・交流がもたらす地域経済への効果波及のイメージ

や企業、および大学などの協力は必要不可欠である。地域で日々生活している市民、最先端のところで事業活動している企業が、現在のまちづくりに積極的に参加・協力し、今後の地域経済の発展に貢献することが、まちとしての活力や新鮮さを保ち続ける上で重要であり、前述のような人的資源が地域に滞留・定着するための必要条件であると考える。

また、地域が幅広い人的資源のストックを維持し続けるには、海外を含め域外から優れた才能を積極的に呼び込み、交流させることにも注力する必要がある。なぜなら、新たなアイデアは、優秀な人的資源、知識や知恵が交流する中から生まれることが多く、交流によって誕生した情報の発信が、また次の優秀な人的資源を当該地域に引きつける要因となるからである。

こうした人的資源が量的にも豊富であり、その確保が容易な地域であることは、新たな機能立地を考える企業にとっても大変魅力的な条件であり、企業が新たな資本投下を行う場として選択される可能性が高まることを意味する。そして、こうした資本の投下が次の新たな企業立地を引きつける誘因ともなる。

今後、地域経済が民間からの投資を継続的に確保し、産業構造の転換、変化に対応していくためには、優れた人的資源が絶えず交流し、滞留するような場（ステージ）としかけ（システム）を用意することが重要になってくる。

④潜在能力の顕在化に向けて（企業・行政等が主体となった能力発揮の場と機会の創出）

人的資源の不足が今後も予想される地域経済においては、既存の人的資源を有効活用する方法が、即効性があって有望なものとして注目に値する。すなわち、個々人の持っている潜在的な知識・能力を顕在化させる場、機会を地域が提供することによって、これらの不足分を補うことができると考えるのである。

これまでは、定年退職した高齢世代の能力の有効活用や、女性労働力の活用などが中心に議論されてきた。現実に、女性の労働力率（労働力人口／15歳以上人口）はこのところ上昇する傾向にあるが、潜在的な労働力率（労働力人口＋非労働力人口における就業希望者／15歳以上人口）との間には、まだ大きな差がある。

また地域別には、南関東や近畿といった多数の人口を抱える地域の労働力率と潜在的労働力率との格差が大きいことから、これらが顕在化した場合の量的なインパクトはかなり大きいものがあると考えられる（図表16）。

　これに対して、人口の少ない地方部においては、特に多数を占める現役世代の潜在能力の顕在化を促進する必要がある。個人の持つ能力は本来多種多様であるにもかかわらず、現在の雇用制度は、その能力が発揮される機会を制限するものとなっている。また、地域経済においても、こうした労働力を受け入れ

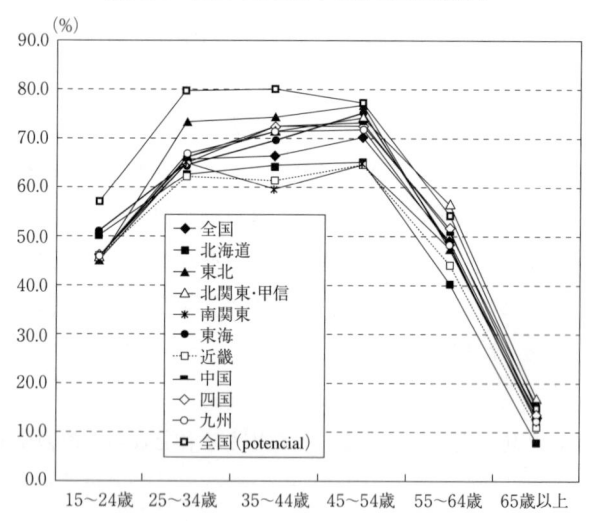

図表16　女性の労働力率と潜在的労働力率

注：北海道：北海道
　　東　　北：青森、岩手、宮城、秋田、山形、福島
　　南関東：埼玉、千葉、東京、神奈川
　　北関東・甲信：茨城、栃木、群馬、山梨、長野
　　北　　陸：新潟、富山、石川、福井
　　東　　海：岐阜、静岡、愛知、三重
　　近　　畿：滋賀、京都、大阪、兵庫、奈良、和歌山
　　中　　国：鳥取、島根、岡山、広島、山口
　　四　　国：徳島、香川、愛媛、高知
　　九　　州：福岡、佐賀、長崎、熊本、大分、宮崎、鹿児島、沖縄
資料：総務省統計局「平成13年 労働力調査」、同「労働力調査特別調査」（2001年8月）より作成。

図表17　地域経済における人的資源管理に向けた取組みと役割

	行政・市民	企　業	大　学
①供給力の強化		大学の地域に向けた人的資源供給への取組みを評価するとともに、こうした動きに積極的な大学やその研究者に対して人的、資金的な協力を行う。	地域経済の発展に必要な能力を持つ人材を教育・輩出するためのカリキュラムの作成、社会人、社会人経験者などへの再教育、研修・訓練のためのメニュー等を整備・強化する。
②調達力の強化	大きな付加価値を生む人的資源、知的資源の受け皿となる事業所・企業、研究所、活動拠点等の整備や誘致に資源を投入する。	地域経済の発展に貢献するような研究、活動に積極的な学者・研究者を高く評価し、その研究活動をバックアップするような仕組みを構築する。	優秀な学者・研究者の招聘、特に地域経済の発展に有益な研究や貢献において実績のある人材の採用・獲得を積極的に行う。
③滞留・定着・交流の促進	地域の特徴に根ざし、かつ急速に変化する社会経済にも適合した魅力的なまちづくりを進めるには、行政を初め、地元の市民や企業、および大学などの協力が必要不可欠である。 優れた人的資源が絶えず交流し、滞留するような場（ステージ）としかけ（システム）を地域内に用意する。		
④潜在能力の顕在化	1個人の持つ潜在能力の顕在化を促進して地域経済に活かすため、雇用制度に係る規制の緩和や民間企業の理解と協力、さらには地域の行政や市民、企業の連携によってこれらの能力発揮の受け皿整備を行う。		

る体制がまだ十分に整っていない。

　1個人の持つ潜在能力の顕在化を促進して地域経済に活用するためには、雇用制度に係る規制の緩和や民間企業の理解と協力、さらには地域の行政や市民、企業の連携によってこうした能力を発揮する場、受け皿の整備を行う必要がある。

(3) 具体的施策の提案

①人的資源の集積・活動のための拠点の整備

　――地域の大学を核とした人的資源管理の仕組みづくり――

　今後の地域経済の発展のために、知識や知恵を持った人的資源が集まり、活動するための場を整備する。これは、現在、および将来の地域産業を直接担う人的資源、さらには新たな付加価値を創造する人的資源、既存の社会や産業を変革し、価値観を多様化させる人的資源、など様々な能力、優れた才能を持つ

た人的資源を、海外を含めて地域外から幅広く集め、地域内で頻繁に交流し、活動する場を提供することによって、企業が立地する場合にも魅力的な地域の核を創出しようとするものである。

　才能や能力を持った人的資源が活動するための拠点として、各々の地域にある大学が有望である。最近、都心部などに見られるサテライト型の大学・大学院、ビジネススクール、さらには今後の整備が予定されている法科大学院などもその核となる可能性を有している。もともと大学や大学院は知的な人的資源が集まって交流する装置としての機能があり、これらを拠点とした活動を地元行政や産業界等が積極的に支援することが重要である。そして、その人的・知的な交流の中から発生する様々なアイデアや研究成果を大学や大学院の周辺で具体化、事業化できる受け皿を整備する。専門的な知識については大学や大学院で得ることができるが、それを実体経済において試し、成果を検証する場が近くに整備されているという環境は、起業に高い意欲を持っている人的資源を内外から集めるインセンティブともなる。そして、これら新しいものをつくり出そうという人的資源がもたらすエネルギーは、地域経済に次々と移植され、地域の活力が維持されるであろう。

　このような、人的資源の集積のための場を整備し、地域に活動のためのスペースを確保するためには、行政などが遊休資産を活用することや各種優遇制度の導入、インセンティブの提供、などによって大学や研究機関、あるいは国際的な諸機関等が立地しやすい環境を整えるなどの協力が必要である。例えば、

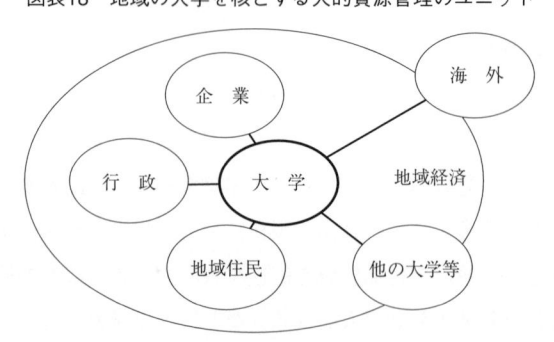

図表18　地域の大学を核とする人的資源管理のユニット

大阪市は市が保有する遊休不動産を活用してNPOセンターを誘致することに成功したが、こうした事例も地域の発展に有用で多様な人的資源を自らの地域に集めるための取組みとして評価できる。

一方、大学側も地域住民の生涯学習ニーズや企業、行政の研修、再教育に対するニーズ等を十分に把握するとともに、彼らに対してこれまで以上にオープンな姿勢を示すことが必要である。例えば、企業や地域住民からの各種相談などに対応するためのワンストップ窓口を整備・強化するなど、大学を活用しやすい、大学のリソースにアクセスしやすい環境を整備することなど、人的資源の交流の拠点としての機能を果たすことが求められる。

また、会議やフォーラムなど国際的なイベントの開催を促進し、恒常化することは、国内外における人的資源の交流を活発にし、活動内容を充実したものにする上で有効である。さらに、大学、行政、企業、地域住民などが定期的に交流する機会を設定するなど、各々が抱えている課題をお互いに理解しあう場を設定することなども、地域全体が人的資源管理に関わる問題意識を共有する上で重要である。

②人的資源の能力発揮を促す仕組み・制度づくり
　── 人的資源の集積と能力発揮のための"特別区"の形成 ──

地域においては、今後、必要とする人的資源が慢性的に不足する事態が予想されるところである。量的な不足を補うために、人的資源それぞれの能力を最大限発揮できるような制度、あるいは、個人個人の能力発揮を促す仕組みづくりを新たに整備する。

そのためには、まず行政などが中心となって、多様な目的を持った投資・企業を国内外から誘導・誘致し、新産業の創出を促進するなどによって、新たな就労機会の選択肢を創出し提供することが、地域における人的資源の確保と雇用環境の改善と安定にとってまず重要である。

さらに、地域の民間企業や行政が協力・協調して、兼業の容認やワークシェアリングの普及を促進するとともに、個人の多様な能力発揮の場、受け皿の整備を推進するなど、「働く」といった側面での先進的な取組みを行う魅力的な地

域の形成をめざす。これにより、人的資源の吸引力を高め、地域経済の成長に必要な人的資源を確保する。

人的資源の能力発揮を促すためには、職業訓練・再教育の機能を強化することで、雇用におけるミスマッチを早期に解消することもまた重要である。具体的には、大学などの高等教育機関が中心となって、地域経済に即戦力として役に立つ実務教育や資格取得などその成果が明確になるようなカリキュラムを企業側と十分協議して整備するべきである。また、専門学校等の地域経済における役割を再評価し、人材の多様化、流動性をより円滑化・促進するような社会システムの核として活用する発想も重要であろう。

さらに、個人個人の持つ能力の最大限の発揮といった視点から、官民がNPOやコミュニティビジネスなど地域の住民等が中心となったの活動を支援し、地域にとって必要な人的資源の能力発揮の機会を創出し、受け皿の整備を進めると同時に、その活動基盤、経営基盤を確かなものにすることによって、これまでにはなかった労働の形や地域社会への貢献のあり方、等についての可能性を拡大することが重要である。

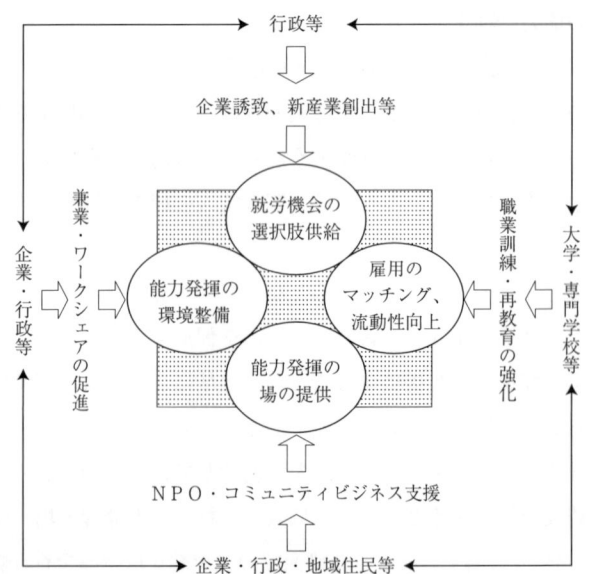

図表19　地域の協創による"人財特区"のイメージ

新たに顕在化させる労働力や能力は、これまでのような女性や高齢者という特定の階層によるものにとどまらない。現役の就業者による兼業やワークシェアリング等によって発揮されるものも今後重要になると考えられる。このことは、個人個人の就労に対する選択肢の幅を広げることから、ミスマッチの解消や労働力の流動性の拡大に寄与するとともに、就労期間の延長を通じて年金など公的負担の軽減や、リタイア後の生きがいづくりなどにも有効に作用し、人生や生活の満足度（Quality of Life）を高めることにも繋がると考えられる。

例えば、前述の「人的資源の集積・活動のための拠点の整備」を進めるために、ある特定の区域に限って多種多様な就労機会の提供が認められる、NPOやコミュニティビジネスなどに対する財政的な支援等が認められる、などといったインセンティブの提供を可能にする。このような"人財特区"とでも呼べるようなものが実現することにより、同地区に、まず地域経済の発展に必要な人的資源の集積、創造が促進するものと期待される。そして、彼らの活動や能力の発揮とともに、その効果は地区以外のエリアにも急速に波及していくものと考えられる。

注
1) 政府は、日本の産業の国際競争力を強化し、経済を活性化していくためには、研究活動や創造活動の成果を知的財産として戦略的に保護・活用していくことが重要である、として、2002年3月以降「知的財産戦略会議」を開催している。2002年7月には、「知的財産立国」の実現に向けて必要な政策を強力に進めることを目的に、「知的財産戦略大綱」が策定された。
2) 国と地方の税財源のあり方を検討するもので、「三位一体改革」などと呼ばれている。国から地方への補助金を削減する一方で、地方に移譲する税源をどうするのかが議論の中心テーマである。
3) 野瀬正治・河野俊明『新時代の労働と地域経済』関西学院大学出版会、2000年を参照のこと。
4) 株式会社対日投資サポートサービス（FIND）「外資系企業円滑化調査研究報告書」（1998年）によれば、欧米の立地優遇策は、金融面での支援に偏りがちな日本とは異なり、教育研修・職業訓練支援など人的資源に関係するものも多く、またそれが誘致の効果を上げている。

5) 雇用や賃金、労働時間の適切な配分をめざすものであり、雇用の維持・創出を図ることを目的として1人当たりの労働時間を短縮することを指す意味で使われることが多い。厚生労働省「ワークシェアリングに関する調査研究報告書」(2001年4月) では、ワークシェアリングを、その目的から
   (1) 雇用維持型（緊急避難型）：一時的な景況の悪化を乗り越えるため、緊急避難措置として、従業員1人当たりの所定内労働時間を短縮し、社内でより多くの雇用を維持する。
   (2) 雇用維持型（中高年対策型）：中高年層の雇用を確保するために、中高年層の従業員を対象に、当該従業員1人当たりの所定内労働時間を短縮し、社内でより多くの雇用を維持する。
   (3) 雇用創出型：失業者に新たな就業機会を提供することを目的として、国または企業単位で労働時間を短縮し、より多くの労働者に雇用機会を与える。
   (4) 多様就業対応型：正社員について、短時間勤務を導入するなど勤務の仕方を多様化し、女性や高齢者を初めとして、より多くの労働者に雇用機会を与える。
   の4つに分類している。
6) ジョブシェアリングとは2人以上の人間で勤務日あるいは勤務時間により同一の仕事を分担する制度であり、ジョブ・ペアリング、あるいはパートナー・ワークとも呼ばれる。
7) 「シリコンバレー2010」は、次の4つの分野と17の目標によって構成されている。
   【4分野・17目標】
   Ⅰ．イノベーション経済の生産性の向上とその特質の拡張
     1) イノベーションと企業家精神
     2) 生産の質の向上
     3) 特質の拡張
     4) 経済的機会の確保
   Ⅱ．コミュニティーによる自然保護と暮らしやすさの増進
     5) 自然保護
     6) オープンスペース（公園など）の確保
     7) 土地の再利用
     8) 暮らしやすい社会
     9) 住居選択
   Ⅲ．教育などの機会確保
     10) 教育
     11) 輸送
     12) 住民の健康
     13) 住民の安全

14）文化芸術の振興
Ⅳ．地域経営
15）社会的活動
16）境界を越えた活動
17）公的機関の資源と責任のマッチング

8）未熟練労働者の在留資格については、野瀬正治「未熟練外国人労働者受入制度の問題点について ― 未熟練労働者の在留資格に関する国際的視点からの考察 ―」『Japan Research Review』Vol.7 No.6、1997年を参照のこと。
9）英国では、世界的な研究者の獲得に対して、国として補助金を支給している。
10）文部科学省では、平成14年度予算より、国立大学の地域貢献に対して、特に優れた組織的・総合的な取組み等を重点的に支援するため「地域貢献特別支援事業費」を創設している（1大学当たり概ね3,000万円から8,000万円程度、予算規模：平成14年度約10億円、平成15年度約15億円）。

第3章

地方公共団体における適材配置モデル
―― ホランドモデルの応用 ――

　地方行政改革の中で非常に重要であるにもかかわらず見落とされている問題に、職員の適材配置がある。「団塊の世代」の大量退職を目前にし、限られた人員で現在の水準の業務を行っていくためには、徹底した「適材適所」による効率性の向上が不可欠である。ここでは、ホランド理論をベースにした業務と人材とのマッチングモデルの紹介を通して、地方公共団体における適材配置への提案を行う。

1．地方公共団体における適材配置の現状と問題点

(1) 地方公共団体における適材配置の現状

　地方公共団体の職員（地方公務員）は、大きく、市長や助役などの特別職と一般職に区分される（このほかに、学校の先生と警察官がある）。一般職は、さらに一般行政職・技能労務職・消防職・医師看護職等に細分されるが、地方公共団体が行っている仕事の大半は、一般行政職によって行われているため、以下では、一般行政職を対象に地方公共団体における人材配置についてみることとしたい。

　地方公共団体における人材配置は、大きく、採用試験と昇任試験の2時点におけるデータに基づく職務級決定、がベースとなっている。具体的には、教養試験・専門試験・論文・面接等で構成される試験の結果により10段階程度に階

図表1　標準的な級別職務表

級	職務内容
1級	定期的な業務を行う職務
2級	相当高度の知識または経験を必要とする業務を行う職務
3級	特に高度の知識または経験を必要とする業務を行う職務
4級	係長の職務
5級	総括係長の職務
6級	課長補佐の職務
7級	総括課長補佐の職務
8級	課長の職務
9級	総括課長の職務
10級	次長の職務
11級	部長の職務

資料：大杉覚編著「自治体組織と人事制度改革」平成12年、東京法令出版。

層化された「級」が与えられ、そこで初めて、その「級」に対応した職務を行うことのできる「権限」が発生する、という仕組みである（最近、いわゆる「目標管理」制度を導入する団体が増えているが、目標設定が難しいこともあり、あくまで参考データにとどまっている。）。

図表1に地方公共団体における標準的な職級と職務内容を示したが、このように定義に基づいて、実際の仕事やポストが与えられることになる。

(2) 地方公共団体における人材配置の問題点

さて、現実には上記の仕組みが「適材配置」という点であまり機能しておらず、至るところで仕事と人材との「ミスマッチ」が発生しているわけであるが、なぜだろうか？

よく指摘されるのは、昇任試験のデータに基づく職務級決定という大原則が、年功序列主義により形骸化してしまっているという点である。勤続年数と職務級が完全に連動したいわゆる「渡り級」になっており、昇任試験が単なる儀式になってしまっているといわれる。

確かに年功序列主義は、地方公共団体に限らずわが国社会の構造的問題として指摘されるところであるが、筆者は、少なくとも地方公共団体においては、年功序列主義はむしろ「あるべき姿」であったと考える。

地方公共団体の仕事は、地方自治法に「地方公共団体は、住民の福祉の増進を図ることを基本として、地域における行政を自主的かつ総合的に実施する役割を広く担うものとする。」（総則第1条の2）とあるだけで、具体的な中身は、その都度、国や地方公共団体自身が定義できるようになっている。今考えるとこのような抽象的な表現でよく仕事ができるものだと思うが、地方自治法ができた昭和22年当時は、社会環境が今のように成熟化しておらず、地方公共団体の仕事は、道路や上下水道整備など、いわゆる「シビルミニマム」に限定されており、しかも、そのほとんどは、国の命令や指導によるものであった。つまり、「地方公共団体の仕事は、その大半が規格化されており、平均的な業務能力があれば誰でも遂行できる」と考えられており、人事管理も仕事への適材配置というよりは、むしろ労務管理的な視点から設計されていたと思われる。
　先に示した図表1を見ても、職務級に対応する職務内容は極めて抽象的であり、「定型的な業務を行う職務」「相当高度の知識または経験を必要とする業務を行う職務」「特に高度の知識または経験を必要とする業務を行う職務」などは、適材配置という意味ではほとんど意味がない定義であるが、全体を労務管理のための、つまり、管理職のための基準という視点から見ると理解できるのである。
　ところが、シビルミニマムの整備が進むにつれて、市民ニーズも拡大し、それに伴って「住民の福祉」の解釈も拡大していった。その結果、「地方公共団体の仕事は、その大半が規格化されており、平均的な業務能力があれば誰でも遂行できる」ものではなく、合理的な仕事の分類と、それに対応する人材配置の仕組みが不可欠な状況になっている、ということではないだろうか。

(3) 地方公共団体の仕事
　次に、現在の地方公共団体の仕事について見てみよう。地方公共団体（都道府県および市区町村）の仕事は、一般的に、「政策」「施策」「事務事業」という3層構造になっている。このうち、「政策」と「施策」は、方針や目標を現したいわばインデックスであり、実際の予算や人員は、「事務事業」に対して投入される。

図表2　地方公共団体の仕事の構成

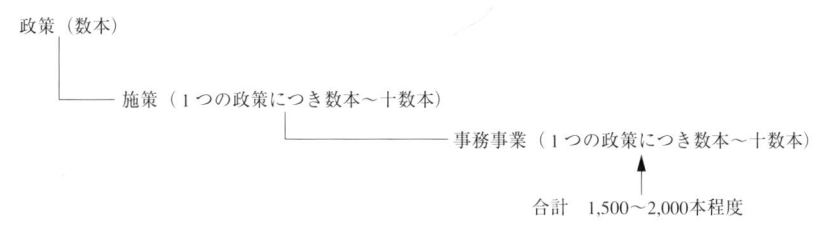

```
政策（数本）
  └── 施策（1つの政策につき数本～十数本）
          └── 事務事業（1つの政策につき数本～十数本）
                        ↑
                  合計　1,500～2,000本程度
```

したがって、地方公共団体における適材配置は、この事務事業を対象に考えることが基本となるが、一般的にその数は、1,500～2,000程度と考えられる（図表2）。

一口に地方公共団体といっても、大は人口1,000万人超の東京都から、小は人口数百人の村まで、その数3,181団体（平成15年9月現在）にのぼるわけで、当然、仕事の内容や規模は違うはずであるが、地方公共団体で行う仕事は、法律等で意識的に「画一化」されているため、「仕事の数」としては、地方自治体の規模にかかわらず、ほぼ似たような状況になっている。

さて、この1,500～2,000の仕事の「中身」であるが、名前こそ「事務事業」と一括りで呼ばれているが、その実態は実にバラエティーに富んでいる。

その多様性は、例えば、地方公共団体の組織図を見ても伺うことができる。地方自治体の典型的な組織は、総務部・市民部・環境福祉部、都市建設部・商工労働部といった編成で、これに、教育委員会、水道局、選挙管理委員会等の各種委員会などがあるが、要するに「まちづくり」に関するすべての分野の仕事を抱えている。

つまり、地方公共団体の実態は、建設会社・銀行・人材派遣会社・調査会社・広告代理店・廃棄物処理業などなど、様々な業態が複合した「コングロマリット」といえるが、地方公共団体の仕事の多様化傾向は、市民ニーズの多様化や国の地方分権政策の進展に伴って、今後も拡大するものと予想される。

さらに、仕事の多様性に加え、団塊世代の大量退職が近づいている。高度経済成長期、地方公共団体、とりわけ都市部では、急増する行政ニーズへの対応から職員の大量採用を行ったが、これらいわゆる「団塊の世代」が、今後10年程度の間に大量に退職する（図表3）。

図表3　A市における職員数の将来予測

区分／年度	H14	H15	H16	H17	H18	H19	H20	H21	H22	H23
退職	—	8	4	13	21	28	40	60	61	35
採用（*）	—	4	2	6	10	14	20	30	30	17
職員数	610	606	604	597	586	572	552	522	491	473

（*）採用は退職数の半分を想定

　その一方で、財政状態の悪化から、新規採用はぎりぎりに抑制されているため、厳しいところでは、現在の7割くらいの職員数で仕事を行っていかなければならない状況が予想される。

　労働力不足を補う上からも、業務の電子化やアウトソーシング（外部化）などが検討されているが、地方公共団体の仕事は、基本的には労働集約型であり、適材配置による効率性の向上が極めて重要であることは、このことからも容易に判断できよう。

2．地方公共団体における適材配置モデル

(1) ホランドの職業選択理論

　いよいよ本題に入るが、アメリカの心理学者J.L.ホランドは、1973年に発表した職業選択理論で次のような考え方を提起した。

ホランドの基本理論

1. われわれ人間の特徴は6つのパースナリティ・タイプとの類似度で説明されうる。その6つのパースナリティ・タイプとは、現実的・研究的・芸術的・社会的・企業的および慣習的である。
2. われわれの生活環境（職業）の特徴は、6つの環境モデルとの類似度で説明されうる。その6つの環境モデルとは、現実的・研究的・芸術的・社会的・企業的および慣習的である。
3. 人と環境（職業）との組み合わせによって、我々のパースナリティ・タイプと環境モデルについての知識から予測され、理解される成果を導き出すことができる。

・J.L.ホランド、渡辺三枝子他訳「職業選択の理論」平成2年、社団法人雇用問題研究所より。ただし（　）内著者補足。

つまり、人材と仕事は、6つの特徴によって分類でき、その組み合わせ（マッチング）によって成果の最大化を図ることができるというもので、ホランドは、6つの特徴を次のように定義している。

図表4　ホランド理論によるパースナリティ・タイプおよび環境モデルの定義

パースナリティ・タイプまたは環境モデル	特　　徴	キーワード
現実的タイプ	明確で秩序的かつ組織的な操作を伴う活動を好む	目立たない、従順な、自然な、確固とした、フランクな、健全な、倹約家、純粋な、持続的、実利的
研究的タイプ	言語的記述、体系的、創造的な研究を伴う活動を好む	分析的、自律的、合理的、注意深い、知的、控え目、批判的、内省的、内気な、複雑な、でしゃばらない、好奇心旺盛、几帳面
芸術家タイプ	芸術的な形態や作品の創造、物、言語、人間性に関係する素材の操作を伴う活動を好む	複雑な、想像力に富んだ、直観的、気まぐれ、非実利的、情緒的、衝動的、独創的、表現力に富む、自律的、感受性の強い、理想主義的、開放的
社会的タイプ	他者との対人接触を伴う活動を好む	寛容な、責任感強い、協力的、頼り甲斐のある、社交的、共感的、理想主義的、機転のきく、忍耐強い、親切な、洞察力のある、友好的な、説得的な、暖かい
企業的タイプ	他者との交渉を伴う活動を好む	精力的、まめな、冒険的、自己宣伝的、楽天的、愉快な、興奮を求める、自信家、野心家、社交的、外向的、能弁家
慣習的タイプ	データの具体的、秩序的、体系的操作、あるいは情報処理機器の操作等を伴う活動を好む	用心深い、堅い粘り、調和的、抑制的、実利的、良心的、規律正しい、防衛的、従順な、倹約家、有能な、行儀のよい

J.L.ホランド、渡辺三枝子他訳「職業選択の理論」平成2年、社団法人雇用問題研究所より。

(2) 地方公共団体への応用モデル

筆者は、B市の協力により、ホランドモデルを応用して、①地方公共団体の仕事（事務事業）の分類と、②人材タイプの分類、③仕事と人材のマッチング、について実験を行ってみた。

①事務事業への適用結果

まず、B市において実施されている仕事（事務事業）について、担当者にホランドの6つの環境タイプごとの要求強度をたずねた。ただし、事前の説明段

図表5　B市の事務事業の分類で用いた環境タイプ

ホランド・モデル	B市
現実的	定型事務処理力
研究的	調査・分析力
芸術的	工夫・想像力
社会的	調整・交渉力
企業的	企画・表現力
慣習的	現場業務処理力

階で、ホランドの定義する「現実的・研究的・芸術的・社会的・企業的・慣習的」という表現が、分かりにくいとの意見が多かったため、図表5のような表現に変えて行った。

　その結果、図表6の結果を得たが、この表から、事務事業ごとに要求する環境タイプが異なること、また、その要求強度も異なること、が明らかになった。このことは、レーダーチャート化してみると一層はっきりとする（図表7）。

②人材への適用
　次に、協力者36人を対象に、キーワードに対する強度選択に基づくパースナリティ・タイプの分類を行った（図表8、9）。

(3) ホランドモデルによるHRMの可能性
　以上の試行から、ホランドモデルを応用することによって、地方公共団体で次のような適材配置が考えられる。

①仕事と人材とのマッチング
　例えば、地方公共団体の代表的な仕事の1つに「窓口業務」がある。窓口で各種の証明書等を発行する仕事であるが、試行結果によると、この仕事には、図表10のような特性が求められる。
　この仕事に対し、人材への適用結果から上記に似た特性を持つ人材として、図表11の6人を候補として挙げることができる。
　他の仕事についても同様な作業を行うことによって、仕事と人材とのマッチ

図表6　B市における事務事業の特徴

事務業務名	定型事務	処理力 現場業務	処理力	工夫・創造力	企画・表現力	調査・分析力	調整・交渉力	合計点
総合計画推進事業	2	1	4	4	4	3		18
広域行政圏等連携事業	3	1	3	4	4	4		19
行財政運営効率化事業	1	1	4	4	3	2		15
ISOサーベイランス業務	3	1	3	4	3	4		18
各部連絡調整業務	3	1	2	3	2	4		15
組織運営業務	1	1	3	4	4	4		17
人事情報管理システム構築事業	3	4	3	4	3	4		21
職員研修事業	3	2	4	3	3	3		18
嘱託職員等社会保険料業務	4	1	1	1	1	2		10
被服貸与業務	2	1	1	1	1	2		8
職員健康管理業務	4	4	2	2	4	3		19
LGWAN総合行政ネットワーク事業	2	3	4	4	4	2		19
庶務事務システム推進事業	2	3	4	3	4	2		18
電算システム維持管理業務	3	4	3	3	3	2		18
地理情報システム運用開発業務	2	2	4	3	4	2		17
地域情報化計画推進事業	2	3	4	4	4	4		21
前納報奨金交付率見直し事業	3	1	2	2	3	2		13
市民税課税業務	4	2	3	3	3	3		18
固定資産税課税業務	4	3	3	3	3	3		19
滞納管理業務	4	3	3	3	4	4		21
収納業務	4	2	2	2	2	3		15
窓口業務	3	2	2	2	2	3		14
商業拠点整備事業	2	1	3	3	4	4		17
企業促進支援事業	2	1	2	3	3	2		13
融資あっせん事業	4	1	2	2	2	3		14
消費者教育・啓発業務	3	2	4	3	2	3		17
住宅資金融資業務	3	1	2	2	3	3		14
観光PR事業	2	4	3	2	2	3		16
都市計画基本方針策定業務	3	1	4	4	4	3		19
土地利用対策業務	3	1	3	3	4	3		17
都市公園等整備事業	3	3	4	4	4	4		22
やすらぎ回廊整備事業	3	3	4	4	4	4		22
緑化まつり開催、コミュニティ助成事業	3	3	3	4	2	3		18
開発指導業務	3	2	2	4	4	4		19
学校管理運営業務	3	3	3	3	3	4		19
適正就学指導業務	3	2	3	3	3	3		17
児童生徒健康診断業務	3	2	2	2	3	3		15
教育用コンピュータ整備業務	4	3	3	3	4	3		20
指導主事設置業務	3	3	3	4	4	4		21
教職員研修業務	3	3	3	3	3	3		18

注：得点の見方：非常に重要＝4、やや重要＝3、余り重要ではない＝2、重要ではない＝1。

図表7　環境タイプによる事務事業のレーダーチャート（例）

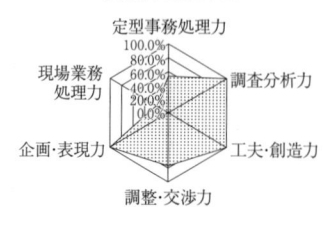

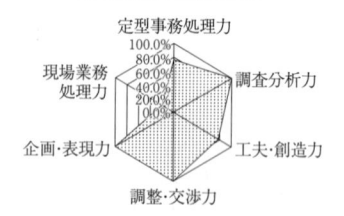

総合計画推進事業／広域行政圏等推進事業／行政運営効率化事業／ISOサーベイランス業務／各部連絡調整業務／組織運営業務／人事情報管理システム構築事業／職員研修事業

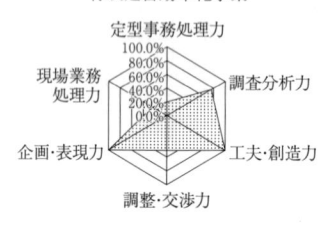

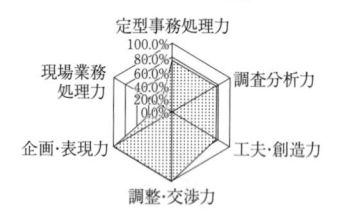

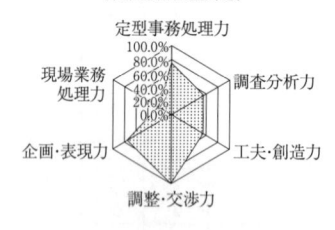

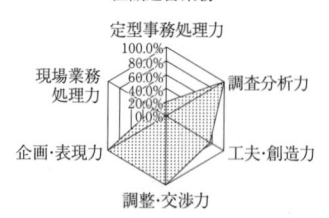

各レーダーチャートの軸：定型事務処理力、調査分析力、工夫・創造力、調整・交渉力、企画・表現力、現場業務処理力（目盛：0.0%、20.0%、40.0%、60.0%、80.0%、100.0%）

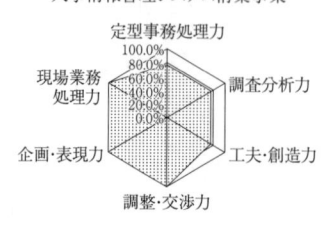

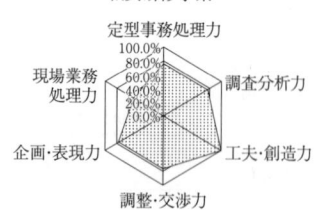

第3章　地方公共団体における適材配置モデル　83

図表8　パースナリティタイプの分類結果（例）

項目／標本番号		1	2	3	4	5	6	7	8	9	10	11	12	13	14	15	16	17	18
1	目立たない	2	2	3	0	1	1	1	1	1		2	1	2	2	2	2	1	1
2	従順な	2	2	1	2	2	1	1	1	0	1	2	1	3	2	2	2	1	1
3	自然な	2	2	2	2	2	2	3	3	2	1	2	2	2	2	3	2	3	2
4	確固とした	1		1	2	3	2	1	3	3	1	1	3	2	1	2	0	1	1
5	フランクな	2	2	1	3	2	2	3	3	3	3	3	2	3	2	3	2	3	3
6	健全な	2	2	1	1	3	2	2	2	2	1	3	1	3	2	3	2	3	2
7	倹約家	1	0	3	1	3	1	0	2	0	1	0	0	2	2	2	2	0	1
8	純粋な	1	1	1	2	1	1	3	2	1	1	2	2	3	2	2	1	2
9	持続的	2	1	2	2	2	1	3	1	1	0	3	2	2	3	2	1	1
10	実利的	2	2	2	1	2	2	3	3	3	3	2	2	3	2	2	1	2
	現実的タイプ	17	18	17	18	17	20	17	18	19	10	21	21	20	16	16	18	13	19
11	分析的	3	0	1	0	2	1	3	3	3	3	2	2	2	2	2	1	0	3
12	自立的	3	1	1	0	2	1	2	2	1	1	2	2	2	2	2	2	1	3
13	合理的	2	2	1	2	2	2	3	3	3	2	2	3	3	3	2	1	1	2
14	注意深い	2	2	2	2	2	1	0	2	3	1	2	2	3	2	3	3	0	2
15	知的	2	0	1	1	2	2	3	3	1	1	1	2	2	1	2	1	1	2
16	控え目	2	2	2	0	2	2	0	0	1	1	2	0	3	1	2	2	1	1
17	批判的	2	2	2	1	2	2	2	2	2		2	2	0	1	1	1	1	1
18	内省的	2	1	2	0		2	0	2	3	2	1	3	1	1	1	2	1	0
19	内気な	2	2	2	2	2	2	0	1	1	1	2	2	0	1	1	1	0	0
20	複雑な	2	2	2	1	1	1	3	2	2	2	0	1	2	1	1	1	0	2
21	でしゃばらない	2	1	2	0	2	3	1	0	1	1	2	1	3	2	2	0	1	1
22	好奇心旺盛	2	1	2	3	2	2	3	3	2	3	1	3	3	2	1	2	3	3
23	几帳面	1	0	3	1	2	3	0	3	2	3	0	1	1	1	2	3	0	0
	研究的タイプ	27	16	23	11	25	22	22	24	27	25	17	20	29	20	24	19	9	21
24	複雑な	2	1	2	1	1		3	2	2	2	0	1	2	1	1	1	1	2
25	想像力に富んだ	2	1	1	3	1	2	3	3	1	2	0	2	1	2	2	1	2	3
26	直感的	3	2	2	3	1	2	2	2	2	3	2	2	0	2	3	2	3	3
27	気まぐれ	2	2	2	3	1	1	3	3	1	3	2	3	2	1	2	1	2	2
28	非実利的	1	1	2	2	1	1	0	0	1	0	0	1	0	2	1	2	2	1
29	情緒的	2	2	1	3	2	2	1	0	1	2	3	3	2	2	2	2	2
30	衝動的	2	1	1	1	2	2	0	1	0	0	3	1	2	1	2	1	3	1
31	独創的	2	0	0	2	1	2	2	2	0	2	2	1	2	2	1	1	1	2
32	表現力に富む	2	2	1	2	2	2	2	3	2	2	1	1	1	1	1	2
33	自律的	1	1	1	1	2	1	3	2	1	3	3	2	2	1	2
34	感受性の強い	2	1	1	1	3	2	3	3	3	2	1	2	3	3	2	2	2	3
35	理想主義的	1	2	2	3	2	2	2	0	2	3	2	3	2	2	2	1	2	0	2
36	開放的	1	2	0	3	2	2	3	2	3	2	2	0	1	2	2	3	2
	芸術的タイプ	23	16	15	28	20	22	26	23	23	27	13	29	17	20	23	18	26	26

37	寛容な	2	2	1	3	2	2	3	2	3	2	1	3	3	2	2	2	3
38	責任感強い	2	2	1	2	3	2	1	3	3	1	1	3	3	3	3	1	2
39	協力的	2	2	2	3	2	3	2	3	2	2	1	1	3	3	2	3	3
40	頼り甲斐のある	1	1	1	1	2	1	2	3	3	0	1	3	1	2	2	1	2
41	社交的	1	2	0	3	2	3	3	3	1	1	2	2	3	3	1	3	3	2
42	共感的	1	2	2	3	2	1	2	3	2	3	2	2	3	3	2	2	3	3
43	理想主義的	1	2	2	3	2	2	0	3	2	3	2	2	2	1	2	0	2	2
44	機転のきく	2	1	1	2	1	2		3	3	2	2	3	0	3	1	2	2	3
45	忍耐強い	2	2	2	2	2	1	2	3	2	1	2	2	2	2	2	3	3	1
46	親切な	2	2	1	2	2	3	1	3	2	2	2	2	3	3	2	3	2	2
47	洞察力のある	2	1	2	1	2	2	2	3	3	3	1	2	2	2	1	1	1	2
48	友好的な	2	2	1	3	3	3	3	3	2	3	2	2	3	3	2	3	3	2
49	説得的な	1	1	1	2	2	2	2	3	3	2	1	2	3	2	1	1	1	1
50	暖かい	2	2	1	3	2	2	1	3	2	2	2	2	3	3	3	2	3	2
	社会的タイプ	23	24	18	33	29	29	26	42	32	28	23	29	34	36	26	29	30	30
51	精力的	2	1	2	2	2	2	3	2	3	1	3	2	2	2	1	1	
52	まめな	1	0	2	1	2	3	0	1	2	2	1	3	3	3	2	1	0	1
53	冒険的	1	3	1	2	1	2	3	2	1	3	1	3	1	2	1	1	3	2
54	自己宣伝的	1	0	1	1	2	1	2	2	1	2	0	3	1	1	1	1	1	1
55	楽天的	2	3	2	2	1	1	3	3	2	3	2	2	0	2	1	2	3	3
56	愉快な	1	2	1	3	3	2	3	2	2	2	1	2	2	2	2	2	2	2
57	興奮を求める	2	2	1	2	2	3	3	3	2	3	1	3	3	2	2	1	2	2
58	自信家	1	0	2	2	1	1	3	3	2	2	0	2	1	1	0	1	3
59	野心家	1	1	1	2	1	1	3	3	0	3	0	2	1	1	1	0	1	2
60	社交的	1		1	3	2	3	3	3	1	1	1	2	3	3	1	3	3	2
61	外向的	1	2	0	3	2	3	3	3	1	3	1	3	2	3	1	2	3	2
62	能弁家	1	0	0	2	2	2	3	1	2	1	0	1	0	2	0	1	1	1
	企業的タイプ	15	14	14	25	21	24	31	29	18	28	9	29	20	24	14	17	22	22
63	用心深い	2	2	2	2	2	1	0	1	3	1	2	1	3	3	3	3	0	3
64	堅い粘り	2	1	2	2	2	1	1	3	2	1	1	3	2	2	3	2	1	1
65	調和的	2	2	1	3	2	3	2	3	2	1	2	1	3	3	2	3	3	2
66	抑制的	2	2	2	2	2	2	0	3	2	3	2	1	2	3	2	2	1	
67	実利的	2	2	2	1	2	2	3	3	3	2	2	3		2	2	1	2
68	良心的	2	2	1	2	2	3	2	3	2	3	2	2	3	3	2	3	2	
69	規律正しい	1	1	1	2	2	2	0	3	2	2	1	2	2	2	3	3	1	0
70	防衛的	1	2	2	2	2	1	1	3	2	3	2	1	3	2	2	2	1	2
71	従順な	2	2	2	2	2	1	1	2	0	2	2	1	3	2	3	2	2	1
72	倹約家	1	1	3	1	3	1	0	0	3	0	2	0	2	2	2	2	0	1
73	有能な	2	1	1	1	2	1	3	2	2	1	0	2	2	2	2	1	1	1
74	行儀のよい	2	1	1	2	2	3	1	3	3	1	0	1	1	3	2	2	1	3
	慣習的タイプ	20	20	23	21	21	20	21	21	17	19	22	24	17	18	25	22	21	21

第3章　地方公共団体における適材配置モデル　85

図表9　パースナリティ・タイプのチャート化（例）

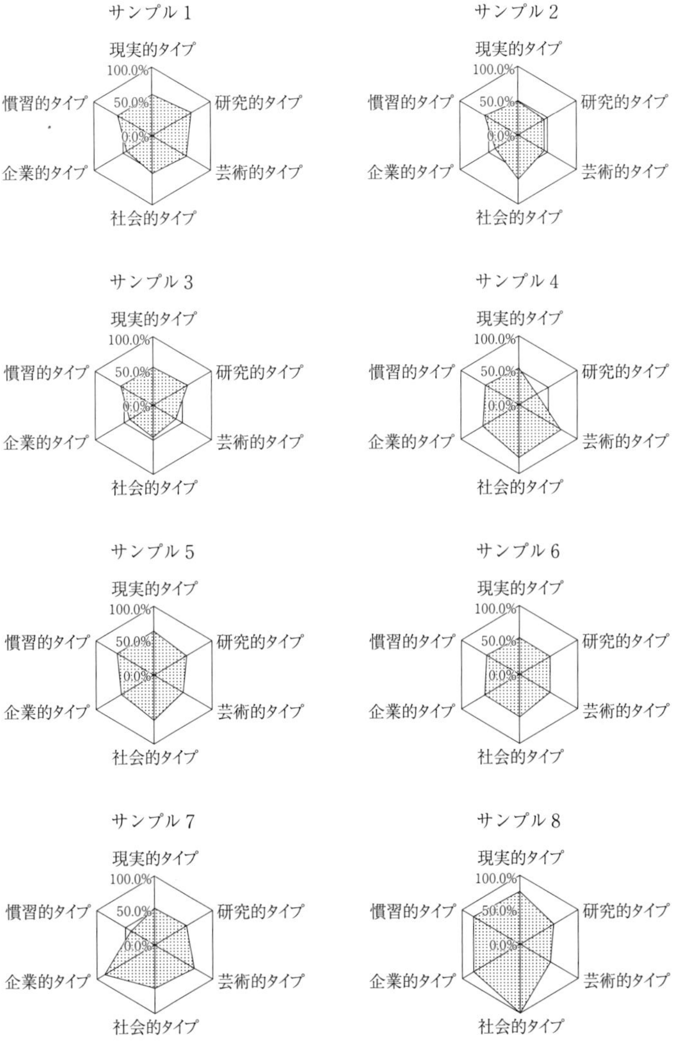

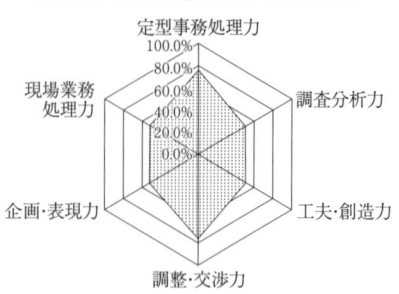

図表10　窓口業務に求められる特性

ング、つまり適材配置の目安を得ることができる。

②仕事の難易度区分にもとづく処遇制度設計

　また、行政改革の大きな課題として、能力や成果に応じた処遇制度の設計があるが、試行結果から、仕事の難易度を参考にした処遇制度の設計が考えられる。
　つまり、図表7を見るとチャートの面積に違いがあることが分かるが、これは、仕事によって、要求する特性にバラエティがあると同時に、その「強度」にも差があることを示している。例えば、上で見た「窓口業務」は、「定型事務処理能力」と「調整・交渉力」は「やや重要」、その他の特性については「余り重要でない」という強度で、全体として14点（24点満点）という要求強度であるが、「被服貸与業務」は、チャートの形は類似しているものの、「定型事務処理能力」と「調整・交渉力」は「余り重要ではない」、その他の特性については「重要でない」という強度で、全体強度は8点となっている。
　また、「人事情報管理システム構築事業」や「地域情報化計画推進事業」「滞納整理事業」などでは全体の要求強度が20点を超えている。
　一般に、要求強度が高くなるほど、マッチングする人材は得にくくなると考えられることから、少なくとも、人材に対する需要と供給バランスからは、被服貸与業務よりも窓口業務の方が、さらには、人事情報管理システム構築事業や地域情報化計画推進事業の方が難易度が高いといえ、このような差異に基づいて処遇を区分するということが考えられる。

図表11　窓口と類似した特性を持つ人材

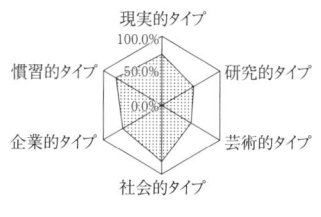

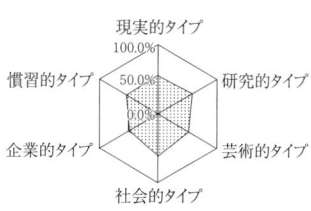

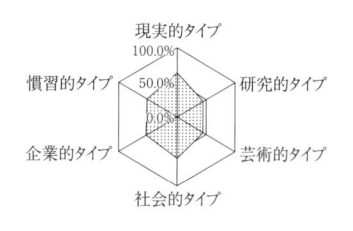

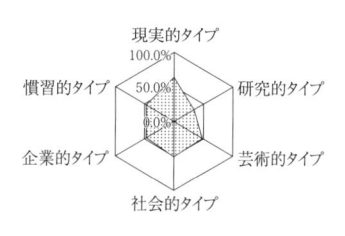

図表12　被服貸与業務のチャート（再掲）

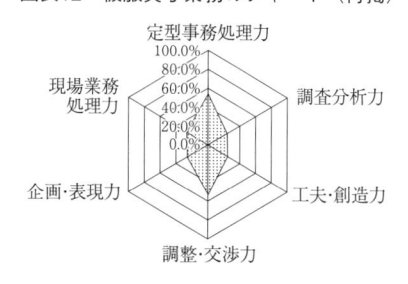

図表13　人事情報管理システム構築事業のチャート（再掲）

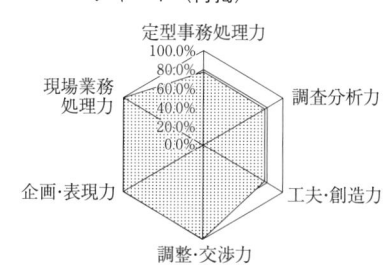

③中長期的な採用・育成戦略への反映

　さらに、仕事によって要求される特性や強度が異なるとともに、必要とされる量的なマンパワーにも差があることも容易に想像できる。

　つまり、ある仕事には年間5人の人材が必要であろうし、別の仕事は1人し

図表13　パースナリティ・タイプ別要求マンパワー計算のイメージ

パースナリティ・タイプ		H15	H16	H17	H18	H19	H20以降	合計
現実的タイプ	要求	10	10	20	20	5	5	70
	在籍	15	15	20	10	10	5	75
	過不足	5	5	0	−10	5	0	5
研究的タイプ	要求	3	3	5	5	10	10	36
	在籍	0	0	10	10	10	10	40
	過不足	−3	−3	5	5	0	0	4
芸術家タイプ	要求	20	20	30	30	10	10	120
	在籍	30	30	20	20	20	20	140
	過不足	10	10	−10	−10	10	10	20
社会的タイプ	要求	50	50	30	15	15	15	175
	在籍	60	40	40	40	30	30	240
	過不足	10	−10	10	25	15	15	65
企業的タイプ	要求	10	10	20	15	20	20	95
	在籍	5	5	10	5	5	5	35
	過不足	−5	−5	−10	−10	−15	−15	−60
慣習的タイプ	要求	5	5	3	3	0	0	16
	在籍	30	30	35	35	50	50	230
	過不足	25	25	32	32	50	50	214

か必要でないかもしれない。

　今回の試行では、必要となるマンパワーのデータは調査しなかったが、仮にそのデータを得たとすれば、その集計から、例えば図表13のような計算を作成することが可能であろう。

　この表は、仕事ごとに要求されるマンパワーと保有するマンパワーをパースナリティ・タイプ別に分解して集計したもので、その差し引きから、将来のパースナリティ・タイプ別のマンパワーの過不足が推計できる。

　上表の数値はまったくのダミーであるが、この表から、例えば平成18年に「現実的タイプ」が10人不足することが分かる。これによって、平成18年までにどうやって不足を埋めるか？　例えば、「現実的タイプ」を重点的に採用する、在籍人材について「現実的タイプ」を伸ばすよう育成を行う、「現実的タイプ」を要求している仕事自体の廃止・縮小・外部化を検討する、などの中長期的な対応策を考えることができよう。

3．結びに代えて（ホランドモデルを応用した適材配置モデルの課題と展望）

　現在、「行政改革」の掛け声のもと、地方公共団体では、民間経営をお手本にした様々な改革手法が導入されつつある。

　そして、その最先鋒がいわゆる「成果主義型人事管理」であるが、筆者は、あえてこの流れに異議を唱えるものである。

　その理由は、前提の前提となる適材配置システムがないまま、成果主義型人事管理を導入しても、ミスマッチによる弊害が成果主義のプラス面を帳消しにする危険性が高いと考えるからである。物事には順序というものがある。成果主義を導入するのであれば、まず、適材配置のシステムを整備する必要がある。

　ホランドモデルを応用した適材配置モデルは、十分その切り口となり得ると信じるが、もちろん実用化にはいくつかの課題もある。

　例えば、一口に「事務事業」といっても、その実態は複数の「作業（または業務）」の集合体であり、個々の作業ごとに要求される特性は異なる。また、個々人の能力は、環境や年数とともに変化するため、ある時期のデータが長期間使えるわけでもない。

　しかし、これらの課題は、現在のIT技術を使えば乗り越えられるものであり、本当の意味の「電子自治体」の構築が進めば、その辺りの分析も可能になってくるであろう。本論で取り上げたB市では、実際に全事務事業についてホランドモデルを応用した事業特性分析を進めており、本論が書店に並ぶ頃には、その結果が出ているはずである。

　このような試みが次第に広がることを期待したい。

第4章

公務員人事制度改革とコンピテンシー
―― 改革期の行政・人事改革の出発点 ――

はじめに

「人事制度こそが究極の行革。」
「硬直化した人事制度を変えないと公務員の意識も行動も変わらない。」
「若い優秀な職員が腐っている。行政においても横並びではなく、抜擢が必要。」
　筆者は、官民双方で実務経験を有しており、現在は組織人事改革コンサルタントとして行政や企業、大学において改革のお手伝いをさせて頂いている。その筆者が最近、行政の人事担当者からしばしば聞く言葉である。
　平均的な企業に比べて大きく立ち遅れている行政の人事制度が、行政の硬直化や停滞をもたらしている最大級の要因であることを強く感じる。
　筆者は、行政における人事制度やマネジメント改革をいかに実現するかについて、様々な実践的な試行錯誤を重ねてきた。
　この過程で、「コンピテンシー」の活用が行政の人事改革を実現させるための1つの重要な突破口になるとの認識を持つに至った。
　それは、コンピテンシーによって、行政のビジョンに対応した具体的な行動が明確になり、人事評価の基準が明確になり、さらに職員の行動を行政のめざす方向に向けさせやすいからである。
　本稿では、まず、コンピテンシーの概要と行政の人事評価を初めとする人事改革におけるコンピテンシーの有用性を述べる。その後、コンピテンシーを活

用した評価制度を初めとする人事制度改革の方向性について提示する。その後、コンピテンシーを活用したわが国の事例として加賀市の例を取り上げる。最後に結びとして、コンピテンシーを活用した霞ヶ関の改革について論じる。なお、本稿における行政は、基本的には自治体を念頭に置くが、最後に中央官庁についても取り上げる。

1．コンピテンシーとは

(1) コンピテンシーとは

　それでは、コンピテンシーとはそもそも何なのであろうか。一般的には必ずしもなじみがない言葉である。

　コンピテンシーは、日本語で「行動特性」と訳されることが多い。簡単にいえば、「優秀な人の行動パターン」といった概念である。

　優秀な人々に共通に見られる共通項を探して、採用、人事評価、人材育成など人的資源マネジメントの様々な分野に用いようとするものである。

　わが国では従来型の「能力」評価に対して「行動（コンピテンシー）」評価といった形で人事評価の項目に活用されることが多い。

　具体的には各人の高業績につながる行動を、インタビューやアンケート等を通じて集積、集計整理して、類型化したものである。「〜する」といった動詞形で定義が記述される。

　例えば、高業績者の行動のうち、「チャレンジ性」につながる行動が高業績に繋がると判断される場合、その「チャレンジ性」に関連する行動の共通部分を抽象化し、「①何事にも加点主義的思考で臨む。②失敗してもその原因を突きとめ、次の機会に挑戦する。」といった形で記述する。この「チャレンジ性」をコンピテンシー、「①何事にも〜」、「②失敗しても〜」をコンピテンシーの定義と呼ぶ。類似のコンピテンシーを複数集めてクラスター（コンピテンシー群）の形に集約させる。

　従来の人事評価制度において活用されてきた判断力や企画力といった「能力」

図表1　コンピテンシーと成果の関係

従来の能力 → 成　果
コンピテンシー ⇒ 成　果

従来の能力が成果とは間接的な関係であるのに対してコンピテンシーは直接的

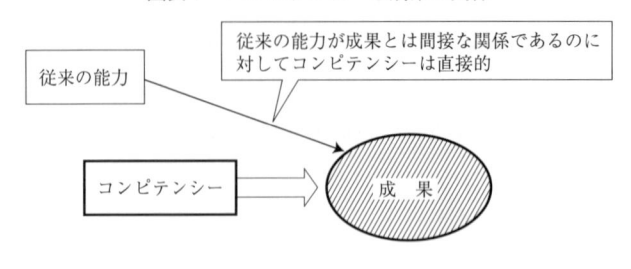

図表2　コンピテンシーと成果の関係

コンピテンシー	定　義	I	II	III
達成志向性	・目標を達成するために執着心をもちあらゆる手段を講じる。 ・率先垂範してものごとに立ち向かい、粘り強さを示す。 ・旺盛で進取の精神力を持つ。 ・より高い目標を定め最後までやりぬく。 ・失敗があってもすばやく立ち直り、次に打つべき最善の行動を起こす。		各定義の具体的なレベル要件が記載される。	
効果的コミュニケーション	・何よりも相手のことを理解することを関係構築の基本とする。 ・相手に適したオープンなコミュニケーションを通じ、人と生産的な関係を築く。		それぞれのコンピテンシーにおいて定義が記載されている。この欄はできるだけ具体的に記載する。	

　が成果とは間接的な関係にあるのに対して、「コンピテンシー」は成果とより直接的な関係にあるとされる（図表1参照）。

　このコンピテンシーは通常、コンピテンシーごとにレベル要件が記述される。レベル区分は3～4程度から多いもので10を超える場合がある。

　これら、コンピテンシー、コンピテンシーの定義、コンピテンシーのレベル要件を記したものがコンピテンシー・ディクショナリー[1]である（コンピテンシー・ディクショナリーのイメージに関しては図表2を参照）。

(2) コンピテンシーの歴史と主なコンピテンシー例

　コンピテンシーという概念は、もともとは人的資源マネジメントの世界の概

念ではなく、心理学の世界の概念である。

人の行動の源泉には達成したいという動機がある、とする心理学者マクレランドが1970年代に唱えた達成動機論から発展してきた。

国務省が、優秀な外交力を修めた外交官と外交官試験の成績は相関関係がないことを発見し、マクレランドに依頼して調査を始めたことがコンピテンシー誕生の1つのきっかけになった。

このコンピテンシーが心理学の世界から人的資源マネジメントの分野で用いられるようになったのは、主として1990年代に入ってからである。

米国のSpencer & Spencer（1993）"Competence at Work"によって、人材マネジメントの分野においても活用されるようになった（図表3参照）。

同書では、平均的パフォーマーから卓越したパフォーマーを峻別するコンピテンシーとして、最も高い頻度で発見された「イニシアティブ」や「達成重視」、「インパクトと影響力」といったコンピテンシーを統計学的に分析しながら詳述している（図表3参照）。

これらのコンピテンシーは、その後の人材マネジメントにおけるコンピテンシー活用の基本になった。

その後、多くの研究者やコンサルタントがコンピテンシーを開発するようになった。そして、1900年代後半以降、コンピテンシーが人的資源マネジメントの世界において一気に広がった。米国企業においては、コンピテンシーの活用は、一巡しているといえる。

わが国においては、1994年に武田薬品、1999年に富士ゼロックス、資生堂、NEC、日本たばこ、花王、東京電力など多数の企業が導入している。行政においても、後述するように徐々に拡大の傾向を見せている。

(3) 行政におけるコンピテンシー活用の有用性

それでは、行政においてコンピテンシーがどの程度有用であろうか。

特に行政におけるコンピテンシー活用の有用性を整理すると以下のとおりである。

第1に、行政の人事評価においては、定量的な数値目標を設定することが困

図表3 『Competence at Work』におけるコンピテンシー例

	クラスター	コンピテンシー	定義
1	達成とアクション（Achievement）	達成重視	より高い目標を設定し、達成に向けてひたむきに望む
		秩序・品質・正確性への関心	仕事の結果だけでなく、品質の維持向上にも注力する
		イニシアティブ	作の変化を読み、早くから対応行動を起こし、誰からも求められないことを行う
		情報探求	額面通りに受け取らずに、さらに多くの情報を得ようとする
2	支援と人的サービス（Helping and Human Service）	対人理解力	部分的にしか現れていないような相手の気持ちや感情をより深く正確に察知する
		顧客志向性	社内外の顧客のニーズを察知し、応える
3	影響力（Impact and Influence）	対人影響力	説明、プレゼンテーションをうまく行い、人を説得する
		組織感覚力	組織内の非公式の力関係、風土を見抜き、効果的にアプローチする
		関係構築力	将来貢献してくれる他者に積極的に働きかけ、友好的で暖かい関係やネットワークを築く
4	管理力（Managerial）	育成力	育成場面、機械を設定し、OJTを行うことで人を開発する
		指導力	部下の能力向上のため、適切な職務割り当てと指導を行う
		チームワーク	チーム全体のために協力を惜しまず助け合う
		チーム・リーダーシップ	方針を明確に示し、チームのメンバーを目標達成に向けて、動機付けて動かす
5	認知力（Cognitive）	分析的思考力	詳細に情報を分析し、問題や課題を明確にする
		概念的思考力	別々の情報や考えをうまくつなぎ、新しく大きな姿を出す
		専門能力	職務に関する知識をマスターすると共に、その知識をさらに発展させ、活用し、他の人に伝えていく
6	成熟力（Personal）	自己管理	ストレス状況の中でも冷静さを失わない
		自己確信	反対意見や不確実な状況に左右されず、信念を貫く
		柔軟性	多くの打ち手を考え、状況変化に応じて使い分ける
		組織へのコミットメント	自分の考えを抑え、組織の目標を追求し、組織のニーズに自分を合わせる

注：コンピテンシーの定義は適宜要約しているので、原語とは異なる。
資料："Competence at Work", Spencer& Spencer Wiley（1993）をもとに作成。

難な場合が多い。その代替としてコンピテンシーを活用することが有効である。

　行政が人材マネジメントを公平かつ客観的に実施するためには、数値目標を設定することが望ましい。数値目標の設定が、行動の方向性を具体化・明確化するので行動の変化に繋がりやすいからである。

　自治体では、総合計画の進行管理や事務事業評価において、数値目標設定への取組みは進んでいるが、利益や売り上げといった形で数値目標を設定することが可能な民間企業に比べると一定の限界がある。そのため、その代替ないし補完としてコンピテンシーを活用することにコンピテンシーの意義がある。

　例えば、当該業務（市民課の住民票交付など）における住民満足度について、定量的に把握できない場合は、住民満足度を高めるような行動パターン（住民票を受け取りに来た住民に対して、笑顔で迅速に対応している、クレームがあった場合にはそのクレームを十分に聞く、など）によって評価する方法が考えられる。

　第2に、コンピテンシーを活用することによって自治体のビジョンを各職員の行動レベルまで具体化できる点である。

　各自治体では、それぞれビジョンを打ち出している。しかし、民間企業におけるビジョンとは異なり、ビジョンを数値などの形にして各職員の行動レベルまで具体化することは困難な場合が多い。ビジョンの明確化は、数値的な目標の立てにくい行政の場合には企業以上に重要である。

　コンピテンシーを活用することで、ビジョンを各職員の行動要件にまで具体化できるようになる。

　例えば、自治体において環境問題への取組みを重視するのであれば、環境問題への取組みをコンピテンシー（「ISO14000を意識しながら常に環境に配慮しながら職務を遂行している」などの要件）に組み入れることも考えられる。また、市民への対応についての満足度を高めることに重点を置く自治体の場合には、対応に関するコンピテンシーの要件（「役所内部の市民に対しては、常に笑顔で話しかけている」などの要件）を活用することも考えられる。

　自治体のビジョンは首長の意向に左右される。首長の意向をコンピテンシーの行動要件として具体化することによって、職員の行動改革を促すことが可能

となる[2]。

　第3に、職位や経験年数に応じた行動要件を明示できるので、自分の属する職位の行動評価基準が明確になる。

　従来の行政の人事評価制度では、職位や経験年数を十分に考慮していない場合が多かった。例えば、入庁1年目の職員も20年目の職員も非管理職であれば、同じ着眼点によって評価されることがあった。入庁1年目の職員と20年目の職員とでは同じ協調性や積極性でも求められる行動は異なるはずであるが、その点についての対応が不十分であった。

　しかし、コンピテンシーでは、職位や等級を考慮した具体的なレベル要件を記述することができる[3]。そこで、被評価者の行動を把握することで、評価を比較的容易に行うことができる。また、入庁1年目の職員も20年目の職員も同じ基準で評価されるという弊害を除去することができる。

　例えば、入庁20年目の職員が満たすべき行動のレベルが明示されていれば、職員にとって自らの行動を改革するための明確な方向性が明らかになる。

　第4に、自治体が今後の地方分権時代を踏まえた人材を育成することが可能となることである。

　従来、行政における研修は受動的・抽象的なものが多かった。また、例えケーススタディやロールプレイなど具体的な研修を実施したとしても、実務や実際の対応の仕方になると抽象的な方向を示すにとどまる場合が多かった。

　これに対し、コンピテンシーは開発が可能であり明確な行動要件を提示することから、研修や自己啓発についても明確な方向性を与えることができる。

　以上の4つの観点から、行政においてもコンピテンシーを活用することの有用性は高いと考えられる。

図表4　行政へのコンピテンシー適用の有用性

数値的な評価基準の代替	ビジョンの落としこみ	行動評価基準の明確化	人材育成の手段

2．コンピテンシーを活用した人事改革の方向性

以上のようにコンピテンシーを活用することは、硬直化した行政の人事を改革する1つの出発点になると考える。

以下では、行政におけるコンピテンシーの構築および実際の活用による自治体の人事改革の方向性について述べる。

(1) コンピテンシー・ディクショナリーの作成

コンピテンシーを活用するには、コンピテンシー・ディクショナリーの活用が必要となる。

市販や他の団体のコンピテンシー・ディクショナリーを活用することは可能である。もっとも、団体の組織風土に合致した人事制度を構築するには、少なくとも既存のコンピテンシー・ディクショナリーの一定のアレンジは必要であると考える。

それでは、このようなコンピテンシー・ディクショナリーは、行政の場合具体的にどのような点に留意しながら作成するのであろうか。

多様な業務を担っている自治体が、コンピテンシー・ディクショナリーを作成するにあたっては、業務や役職位の多様性に臨機応変に対応する必要性から、筆者はBEI（Behavioral Event Interview）と呼ばれるインタビュー手法を活用することが1つの方法であると考えている。さらにBEIにアンケートや行動観察などを併用する方法も考えられる。

行政におけるBEIに基づくコンピテンシー・ディクショナリーの作成は、以下の手順で作成する。

①高業績者の抽出

まず、当該自治体における高業績者を以下の基準によって抽出する。ここでのポイントは単に自治体の視点からだけではなく、市民の視点からも業績を上げていると判断される職員を抽出することである。

具体的には、次の5つのいずれかを満たす職員を抽出する。
1) ニーズを的確に捉えて市の政策や施策に何らかの改革をもたらしたことがある
2) 要望や苦情に的確に対応した結果、市民から感謝されたことがある
3) コスト削減や業務の効率化に関して市民の立場から見て評価できる企画力や実行力がある
4) その仕事ぶりが市長や議会から大変高い評価を得ている
5) 人事評価において長年にわたり高い評価を得ている

　対象者は、役職位と部門・職種が極力分散するよう抽出する。また、特に「マネジメント・コンピテンシー」に関する項目については、成功体験や失敗体験についての捉え方が男女により異なる場合があるので、性別も分散させる方が望ましい。

②インタビューの実施
　抽出した高業績者に対しインタビューを実施する。
　インタビューでは、高業績者の過去の成功体験や失敗体験を聞く。体験の内容に加えて、どのような要因で成功したのか、または失敗したのかを確認する。
　自治体職員の場合、多くの部署を経験しているので、インタビューする場合は予め過去の職務経歴を確認して、現在だけでなく過去のいくつかの部署に関する成功体験の仮説を立ててからインタビューに臨むことが望ましいであろう。
　ここでの仮説とは、例えば土木部や都市整備部の職員であれば「市民からのクレームへの対処」、企画課であれば、「高い評価を得た計画の作成」、市民課であれば「市民満足度を高める効率的な対市民サービスの提供」などに関する経験である。インタビュー行う者は、このような仮説を立てる能力が求められる。
　過去の成功又は失敗体験は最低でも3～4例は聞き出すことが望ましい。また、それだけの成功（失敗）体験を聞き出すためには、1回のインタビューに1時間半から2時間程度を費やすべきである。筆者の経験でも、1時間程度のインタビューでは十分に成功や失敗の経験が聞き出せないことが多い。せっかく時間を取ってインタビューするのであるから、インタビューの時間は十分に

取ることが望まれる。
　このようなインタビューで得られた内容はすべて記録する。そのため通常は記録係がインタビュアーの他に1名いた方が良い。
　相手の行動に焦点を当て、相手に話をしてもらうように極力心がけるべきことはいうまでもない。

③行動の類型化とコンピテンシー定義の確定
　インタビューの内容をもとに、高い業績につながっていると考えられる行動を抽出する。1時間半のインタビューの場合、通常は高業績につながると考えられる行動例が、1人につき、5～10程度抽出できる。
　また、これらの行動を項目ごとに類型化する。類型化に際し、特に外部コンサルタントに委託しない場合は、市販されているコンピテンシー・ディクショナリーを参照しながら独自の類型化用のシートを作成し分類することが、時間短縮の観点から適切であろう。
　その際市販のコンピテンシーにとらわれず、自治体独自のコンピテンシーを作成することが望ましい。例えば、男女共同参画を特に重視する自治体であれば、「男女共同参画志向性」といったコンピテンシーを入れることも検討に値する。
　なお、成功体験がすべて高業績につながる行動とは限らないことに留意が必要である。特に自治体職員の場合、高い経費を使って成功したビッグイベントを成功体験として挙げる傾向があるが、コストをかけたビッグイベントが必ずしも高業績の事例とはいえない。高業績といえる行動であるかどうかを判断する際には、行政経営に関する知識も必要となる。

④定義のレビューとコンピテンシーのレベル要件の精査
　人事課など事務局で作成したコンピテンシー定義は、必ずしも完全なものではない。
　各部門や職種の責任者（部長や局長）にレビューしてもらうことが必要である。また、トップの経営方針と合致するか、ビジョンと整合性が取れているかを、可能であれば首長ないし副知事や助役に確認してもらう。

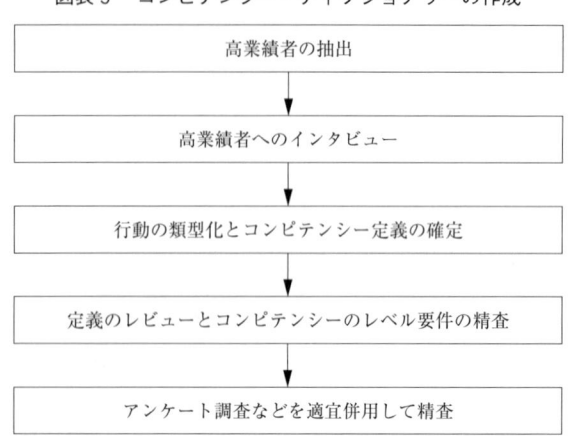

図表5　コンピテンシー・ディクショナリーの作成

```
┌─────────────────────────┐
│     高業績者の抽出       │
└─────────────────────────┘
             ↓
┌─────────────────────────┐
│   高業績者へのインタビュー   │
└─────────────────────────┘
             ↓
┌─────────────────────────────────┐
│ 行動の類型化とコンピテンシー定義の確定 │
└─────────────────────────────────┘
             ↓
┌───────────────────────────────────────┐
│ 定義のレビューとコンピテンシーのレベル要件の精査 │
└───────────────────────────────────────┘
             ↓
┌───────────────────────────────────┐
│   アンケート調査などを適宜併用して精査   │
└───────────────────────────────────┘
```

　定義が確定した後、定義ごとにレベル要件を確定する。その場合、インタビュアーも含めた複数人によるインタビュー結果に基づく確定作業が必要となる。
　客観性を確保するために、通常は、インタビュー対象者以外で、自治体経営全体を見ることのできる課長級以上の幹部職員によりレベルを確定することが望ましい。
　また、職種コンピテンシーについては、その職種に属する職員に確認チェックをしてもらうことが必要である。
　精査の段階で適宜アンケート調査を実施して職員の意見を聞くことも必要であると考えられる。

(2) コンピテンシーの具体的な活用の方向性
　それでは、このようにして作成されたコンピテンシーは具体的にどのように活用できるのであろうか。活用の方向性について以下整理する。

①人材像の明確化
　公務員の人材像に関しては、これまでにも多くの議論がなされてきた。しかしこれら多くの公務員の人材像は、a) 職種や役職位、部門の違いを考慮しておらず、抽象的である、b) 潜在能力に焦点が当てられており、発揮能力や行動に

対する配慮が小さい、c）行政が本来めざすべき成果とのリンクが弱い、といった欠点を抱えていた。

コンピテンシーは、上記の欠点を補うものであり、公務員制度改革の出発点といえる。

後述するように、役職位ごとのコンピテンシー基準を明確にすることにより、公務員の人材像を具体化できる。

②等級制度と複線型人材フローへの活用
上記のコンピテンシーは、今後、公務員制度改革において整備される能力等級制度への活用が期待される。

能力等級制度においては、能力等級における能力要件が必須である。能力要件については、行動特性を基にコンピテンシー・ディクショナリーのコンピテンシーのレベルを適宜抽出、活用、修正して記述することが妥当であると考える。

能力等級においては、複雑化した行政の実情に対応する観点から「マネジメントコース」「専門職コース」「専任職コース」を設ける方法が考えられる。特定の等級の段階で、両者に分けることが重要になると筆者は考える[4]。

筆者が現在行政の人事改革のお手伝いをさせて頂く過程で、最も議論になるテーマの1つがこの複線型人事制度である。すなわち、管理職にならないまたはなりたくない職員をいかに処遇するかといった点が大変重要なテーマになっている。そのため将来的には、何らかの形での複線型の等級制度が必要になると考えられる。

「マネジメントコース」とは、管理職へ昇進していくコースである。コンピテンシー要件についても、一定の等級以上になるとマネジメントに関するものが中心となる。

「専門職コース」は、管理職への昇進はないが、専門職として等級が上昇するコースである。管理職と同等の等級の専門職のコンピテンシーにおいては、相当程度高度な専門性を要求するコンピテンシーを参照して要件に入れる。

「専任職コース」は、医療職や教育職、技能労務職など特定の業務を担当することが入庁以来ほぼ確定している職員を念頭に置いている。

図表6　コンピテンシーを活用した能力等級制度のイメージ

```
   ↑   ┌─────────┐ ┌─────────┐ ┌─────────┐
   │   │マネジメント│ │ 専 門 職 │ │ 専任職  │
  (昇) │  コース  │ │  コース  │ │ コース  │
  (格) │         │ │         │ │(さらに  │
   │   │         │ │         │ │ 分かれ  │
   │   └─────────┘ └─────────┘ │  る)   │
   │                             └─────────┘
   │   ┌─────────────────────────┐
   │   │      一 般 職 員        │
   │   └─────────────────────────┘
```

　この「専任職コース」については、さらに医療職や教育職など職種ごとにコンピテンシーを検討する必要がある。

③コンピテンシーを活用した評価制度
　前述したように定量的な目標を掲げることが困難な場合が多い行政においては、コンピテンシーを評価項目として活用することが効果的である。
　コンピテンシー評価にあたっては、一般的な人事評価に関する留意点に加えて、特に以下の点に配慮することが、必要である。
　1）評価対象の限定
　　コンピテンシー評価では、評価の対象となる事実は、成果につながる行動である。潜在能力や成果につながらない行動は評価の対象となる事実にはならない。
　　また、偶然の行動も評価の対象にならない。コンピテンシーとは、ある程度継続的に行われる行動特性のことだからである。
　2）行動の記録
　　被評価者の行動を把握するために、年間を通じて行動を記録する必要がある。コンピテンシー定義ごとに行動を記入できる行動シートの活用が必要となる。また、行動シートを活用しても部下の行動が把握できない場合は、面接の際に部下の自己評価に基づいて質問することも必要となる。
　　行動記録は、何もコンピテンシーにおいてのみ問題になるわけではない。しかし、行動を即評価するコンピテンシー評価の場合、行動記録の重要性は

図表7　人材配置のための標準コンピテンシーパッケージと本人の比較参照イメージ

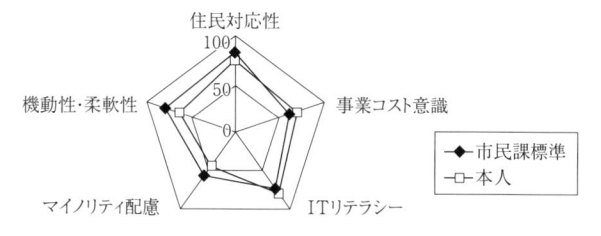

[レーダーチャート：住民対応性、事業コスト意識、ITリテラシー、マイノリティ配慮、機動性・柔軟性の5軸。凡例：市民課標準、本人]

高いといえる。

④コンピテンシーを活用した適材適所の人材配置の実現

　コンピテンシーを活用することで、現在よりも容易に適材適所の人材配置を実現できる。

　具体的には、各職員のコンピテンシー評価結果と部署における必要とされるコンピテンシーのマッチングを行う。そのため、予め各部署（例えば市民課）の複数の標準コンピテンシー・パッケージ（例えば「住民直接対応性」「事業コスト意識」「ITリテラシー」）をインタビュー等を通じて作成しておく。

　その結果、本人のコンピテンシー評価結果と標準コンピテンシー・パッケージとの適合性が高い部署への配置を検討する。

　例えば以下のような形で、レーダーチャートを作成して、適合性の高低を判断することが可能である。

⑤役職位の昇格・昇進への活用

　役職位の昇格・昇進[5]に際しては、一般職員の場合は、コンピテンシーにおける一定の基準を設定し、その基準を満たすことが重要である。

　また、特に管理職への昇格・昇進の場合には、マネジメントに関するコンピテンシーを活用して、その適格性を判断することが必要になる（マネジメントを考慮したコンピテンシーについては、後述する加賀市の事例参照。）。

⑥コンピテンシーを活用した外部人材の登用

　これからの行政は、庁内で育てた職員だけでは、複雑化・高度化する国民の

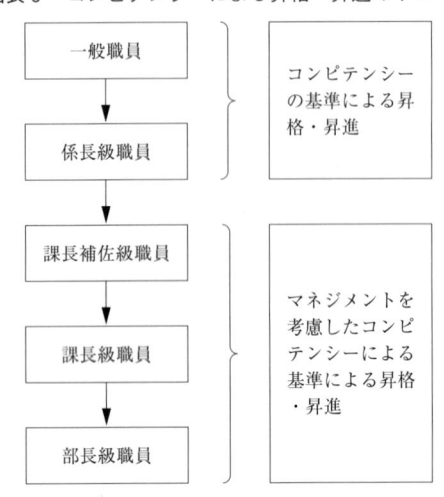

図表 8　コンピテンシーによる昇格・昇進のイメージ

```
┌──────────┐
│ 一般職員  │ ┐
└────┬─────┘ │
     ↓       │ コンピテン
┌──────────┐ │ シーの基準
│ 係長級職員│ │ による昇
└────┬─────┘ ┘ 格・昇進
     ↓
┌──────────┐
│課長補佐級職員│ ┐
└────┬─────┘ │
     ↓       │ マネジメントを
┌──────────┐ │ 考慮したコンピ
│ 課長級職員│ │ テンシーによる
└────┬─────┘ │ 基準による昇格
     ↓       │ ・昇進
┌──────────┐ │
│ 部長級職員│ ┘
└──────────┘
```

ニーズに応えていくことができない。民間人などの外部者を登用することが不可欠である。

　その場合、コンピテンシーを活用して、必要とされる人材のスペックを明確化して登用することにより、より相応しい人材が確保できる。

3．自治体におけるコンピテンシーの具体的活用
　　　―― 加賀市の例 ――

　それでは、このコンピテンシーは現在、行政の現場でどのように活用されているのであろうか。

　さらに、コンピテンシーを人事制度に取り入れている自治体は、静岡県、宇都宮市、高知県など、少数の自治体に限られる。

　例えば、静岡県は、他の自治体に先駆けて1999年度にコンピテンシーに基づく評価制度を導入した。具体的には、8分類80項目の管理職の評価例文によっ

て管理職職員を半期ごとに評価し、その結果を6月と12月の勤勉手当に反映させることとした。また、宇都宮市では、2001年度から22項目によって構成されるコンピテンシー評価を導入した。高知県では、管理職になる直前の職員に対して、コンピテンシーを活用した能力開発研修を実施している。

このように一部の自治体ではコンピテンシーを活用した人事制度改革や研修が進行している。

その中で、加賀市（石川県）は、2002年度にコンピテンシーに基づく評価基準を構築し、2003年度より導入した。

加賀市は、部門や職種を考慮したコンピテンシー評価を導入するなど、自治体の中でもいくつか先進的な取組みを進めている。

本章では、筆者もコンピテンシー評価の導入に際してお手伝いさせて頂いた加賀市の事例を紹介しながら、わが国の自治体におけるコンピテンシーの活用方策の具体的実例と課題を示すこととしたい[6]。

(1) 加賀市の概要と人事制度改革

加賀市は、石川県の南端に位置し、福井県と隣接している。山代温泉や片山津温泉など加賀温泉郷のある観光地として有名である。江戸時代は、金沢の前田家の支藩である大聖寺藩前田家の城下町として栄えた歴史のある町である。

現在の人口は約6万8,000人（平成12年国勢調査）、面積は151.6km^2、市役所の職員数は約600人である。

同市においては、1999年に就任した大幸市長のもとで行政改革を推進してきた。

その行政改革の一環として同市長の意向を受けて、2002年度において、人事改革に取り組むことになった。

同市においては、従来から人事評価制度を導入していた。しかし、評価項目が抽象的であり行動の基準や指針となりにくいといった問題点を抱えていた。また、目標管理制度も本格的には導入されていなかった。

今回の人事制度改革においては、これらの反省点を踏まえて人事評価の基準として目標管理に基づく業績評価と新たな評価基準であるコンピテンシー評価の2本による人事制度を採用することになった。

(2) 新人事制度のフレームワーク

新人事評価制度におけるフレームワークは以下のとおりである。

業績評価に関しては、全職員を対象に目標管理に基づく制度を導入した。同市では係長以上の職員に対しては目標管理シート、その他一般職員に対しては職務遂行チェックシートへの記入を義務づけた。

両者の違いは、係長以上の目標管理シートには、各目標の困難度やウエイトを記入する欄があり、総合の業績評価点数が算出される点である。この業績評価の点数は人事評価の業績評価の点数と基本的に一致する。

一方で係長未満の一般職員は、目標についての困難度やウエイトは記入せず、総合の業績評価点数も算出されないので、人事評価上の総合点数には直接的には

図表9　加賀市の目標管理と業績評価とフレームワーク

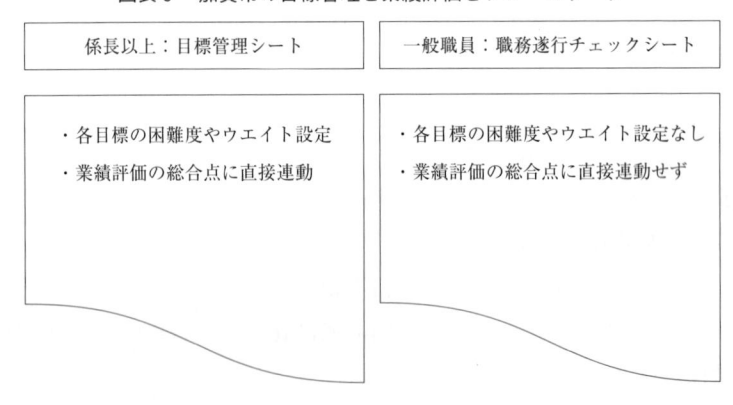

係長以上：目標管理シート	一般職員：職務遂行チェックシート
・各目標の困難度やウエイト設定 ・業績評価の総合点に直接連動	・各目標の困難度やウエイト設定なし ・業績評価の総合点に直接連動せず

図表10　業績評価とコンピテンシー評価のウエイト

＜管理職・係長等＞

業績評価	200
コンピテンシー評価	200
合計	400

＜一般職員＞

	事務職	技術職	消防職・保育教諭職・調理職・技能労務職
業績評価	100	100	50
コンピテンシー評価	150	150	100
合計点	250	250	150

連動しない。業績評価に関しては、別途人事評価上の項目において職務遂行チェックシートを参照しながら記入される。これは、裁量が少なく定型的な業務が比較的多い一般職員の場合、職務遂行チェックシートの結果のみをもって人事評価における業績評価に直接的に連動させることには無理があるためである。

　人事評価における、業績評価とコンピテンシー評価の結果をそれぞれ点数化して合計する。総合の評価点における業績評価の点数とコンピテンシー評価の点数の配分は以下のとおりである。

　裁量が広く職責の重い管理職・係長の方が、業績評価の点数のウエイトが高くなっている。

　また、目標管理による業績評価が比較的困難であると考えられる[7]消防職や保育・教諭職、調理職などの職種については、業績評価の配分を小さくして、コンピテンシーを重視したウエイトになっている。これらの職種[8]については職種に特別なコンピテンシーを別途作成した。

(3) 加賀市におけるコンピテンシー評価の分類

　加賀市では、職種や部門、職位に配慮して高業績者とされる職員に対してインタビューを実施し、その結果および日本総研が従来から開発しているコンピテンシー・ディクショナリーの双方を用いてコンピテンシー・ディクショナリーを開発した。

図表11　加賀市のコンピテンシーの構造

マネジメントコンピテンシー
＝管理職、係長、企画専門員のマネジメント層に必要とされるコンピテンシー

部門コンピテンシー
＝市民直接対応性など、部門の特色を反映させたコンピテンシー

職種コンピテンシー
＝消防職、保育・教諭職、調理職、技術職などごとに定めたコンピテンシー

共通コンピテンシー
＝加賀市の職員であれば、備えるべきコンピテンシー

そのコンピテンシーは、事務職および技術職の全職員に共通して適用される「共通コンピテンシー」、職種に応じて適用される「職種コンピテンシー」、部門の特性に配慮して作成される「部門コンピテンシー」、係長以上の職員が対象となる「マネジメント・コンピテンシー」に分類される。

①共通コンピテンシー

このうち「共通コンピテンシー」は、原則として職員のすべてが該当することが望ましいコンピテンシーである。いわば加賀市の公務員としての共通人材モデルである。

もっとも教育職や消防職といった職種については、その業務の特殊性や一般事

図表12　共通コンピテンシー（抜粋）

	コンピテンシー	定義／ディメンション
共通	責任感・使命感	①市の職員として市民の公僕であるとの責任感・使命感を持って行動している
	市民＝顧客指向	①市民と積極的に交流しニーズに耳を傾け、市民の満足度を高めるため行動をとる。
	目標達成指向性	①自分の目標を認識して、責任を果たすため粘り強く行動する。②目標達成のために様々な方法を検討して最善の方法を執念深く模索する。
	仕事の品質	①業務において確認を行い、品質に関して十分な配慮をしている。②職場環境やそのための仕組みを整備している。（主として下位の職位の職員）
	課題指向性・課題解決に向けたタイムマネジメント	①常に課題を発見しようとして日常業務に励んでいる。②課題解決のために業務を細分化してタイムリミットを設定して、そのリミットまでに終わらせるように行動する。
	効果的コミュニケーション	①何よりも、相手のことを理解することを関係構築の基本とする。②相手に適したオープンで誠実なコミュニケーションを通じ、人と生産的な関係を築く。
	関係構築力	①目標の達成に向けて、チームの力をまとめ上げ、維持するリーダーシップをとっている。②部下や後輩を指導し、人材育成を常に心掛けている。
	分析的・概念的思考力	①物事の判断にあたり、情報の特徴や性質を体系的に把握する。②複雑な状況、課題などを細かく分析、整理し、それに包含する意味や結論を導く。
	チャレンジ性	…主義的である。…つきとめ、次の機会に挑戦…

務職との相違点に配慮して「共通コンピテンシー」の一部を適用除外としている。

このコンピテンシーには、「責任感・使命感」「効果的コミュニケーション」など、加賀市の公務員として共通に必要とされる項目が入る。

「共通コンピテンシー」は、3つのコンピテンシーにより構成されるコンピテンシー・ディクショナリーのいわば最下段に位置するものと考えられる。基本的にすべての職員の基盤となるコンピテンシーであるからである。

②部門コンピテンシー

次いで、「共通コンピテンシー」の一段上に「部門コンピテンシー」および「職種コンピテンシー」が位置づけられる。

「部門コンピテンシー」および「職種コンピテンシー」は、部門や職種ごとに必要となるコンピテンシーであるため、基盤である「共通コンピテンシー」の一段上に位置づけられる。

部門コンピテンシーに関しては、例えば人事コンピテンシー、総務コンピテ

図表13　部門コンピテンシー（抜粋）

	コンピテンシー	定義／ディメンション
部門	市民直接対応性	①市民と積極的に対応する。 ②市民から様々なクレームがあってもまずじっくり話をきくことを心がけ、肯定的関係を構築する。
	団体対応性	①各種団体などとの関係を広い意味でのパートナーとして捉え、交渉する。
	分権指向性	①県や国との関係で、市民の立場から市独自の政策を考案する。必要があれば、県や国に対して、はっきりと主張する。
	事業指向性	①担当事業に関わる専門的な知識を積極的に生かすことによって成果の向上を図っている。 ②担当事業についての顧客の望む内容を把握して、積極的に対応している。
	全体最適指向性	①行政経営の知識があり、全体最適性を重視する。 ②市の行政経営全般を把握している。法律や予算についても知識がある。
	IT技術力	①市の職員として必要なIT技術がある。IT技術を市役所の職務の遂行において十分に活用している。
	情報発信・広報指向性	①積極的に情報発信を行う。

図表14　部門コンピテンシーの流れ

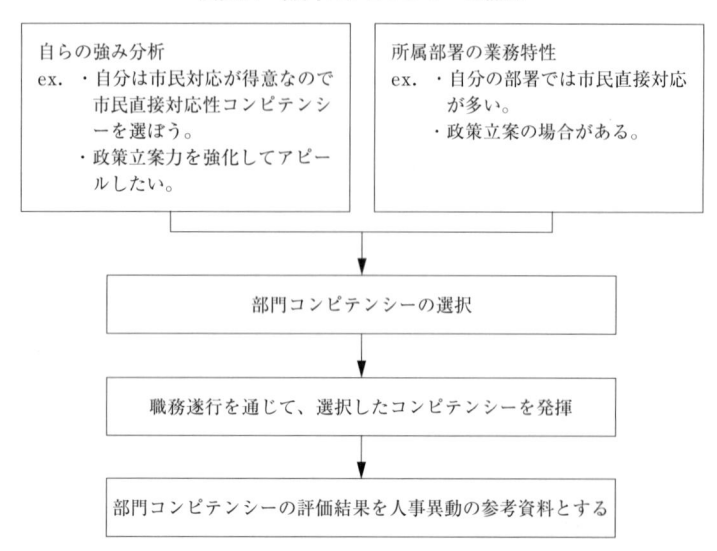

```
┌─────────────────────────┐  ┌─────────────────────────┐
│ 自らの強み分析          │  │ 所属部署の業務特性      │
│ ex.・自分は市民対応が得 │  │ ex.・自分の部署では市民 │
│   意なので市民直接対応性│  │   直接対応が多い。      │
│   コンピテンシーを選ぼう│  │ ・政策立案の場合がある。│
│   。                    │  │                         │
│ ・政策立案力を強化してア│  │                         │
│   ピールしたい。        │  │                         │
└───────────┬─────────────┘  └────────────┬────────────┘
            │                             │
            └──────────────┬──────────────┘
                           ▼
           ┌───────────────────────────────┐
           │   部門コンピテンシーの選択    │
           └───────────────┬───────────────┘
                           ▼
      ┌──────────────────────────────────────┐
      │ 職務遂行を通じて、選択したコンピテン │
      │ シーを発揮                           │
      └──────────────────┬───────────────────┘
                         ▼
    ┌────────────────────────────────────────┐
    │ 部門コンピテンシーの評価結果を人事異動 │
    │ の参考資料とする                       │
    └────────────────────────────────────────┘
```

ンシーなどのように、あまり細かく分けると、数年に一度人事異動がある自治体の実態のそぐわないことが多い[9]。

　そのため加賀市においては、運用面を考慮して、管理部門と事業部門、さらに事業部門をその業務特性に応じて「市民直接対応性」中心と「対団体対応」中心などの相違点に注目してコンピテンシーを作成している。

　管理部門、事業部門ともに民間の経営についての知見が不可欠であるが、管理部門の場合は単に1事業の最適性ではなく庁内全体の行政経営といった観点からの最適志向性（加賀市のコンピテンシーでは「全体最適志向性」）、また事業部門においては個別事業の顧客満足志向性（加賀市のコンピテンシーでは「事業志向性」）を重要している。

　これらの部門コンピテンシーは、事務職および技術職の職員の場合は選択制になっている。選択は年度始めにおいて目標管理の期初面接と同じ面接において、上長との話し合いを通じて決められる。

　自分の所属する部署の職務との関係で自らの強みと思われるコンピテンシーを選択して、職務遂行においてコンピテンシーを発揮することを念頭においている。将来的には、自分が特定のコンピテンシーを強化して、そのコンピテン

シーの評価が高いことをアピールして自ら望む部署に異動することにつながることを目標にして設計されている。

どの部門コンピテンシーを選択して、その部門コンピテンシーにおいてどのような評価を受けたかは、後述するように人事異動において活用される。

例えば、一般の市民との直接的な対応が多い部署においては、「どのような要求にも丁寧に対応する」といったコンピテンシー（加賀市のコンピテンシーでは「市民直接対応性」）が求められる。

自ら属する部署と自分の強みを合わせて、部門コンピテンシーを選択することは加賀市の大きな特色でとなっている。

③職種コンピテンシー

職種に関しては、技術職、消防職、保育教諭職については、職種特性に応じ

図表15　職種コンピテンシー

	コンピテンシー	定義／ディメンション
職種	保育職（対児童）	①児童の心身の発達を伸ばすために、個々の児童の現状に配慮しながら最大限の支援を行う。 ②児童の健康・安全面に配慮した物的人的環境を作っている。児童が虐待を受けていないか配慮する。 ③児童の創造性の向上に努めている。
	保育職（対保護者・地域等）	①保護者と積極的にコミュニケーションをとり、保護者の満足度を高める。保育に関して地域との連携をとっている。 ②保育士としての知識や技能を高めるための努力をしている。
	消防職	①消防士としての使命感をもっている。 ②上司の指揮命令に従って人命救助に従事する。市民財産の安全に配慮しながら市民の要請に迅速に対応して、消防活動を円滑に実施する。 ③新たなテーマを創造してチャレンジする
	技術職・知識と対外対応	①技術職としての最低限の技術知識を維持向上すべく努力している。
	技術職・市民対応	①市民に対して、工事の際などの技術に関して十分に説明を行い、理解を得る。
	調理師（学校）	①栄養についての知識を基に、児童生徒の成長に資する食べやすい給食を段取りよく調理する。 ②衛生面に配慮する。
	調理師（保	知識を基に、児童の成長に資する食 児童への食育に関す

て、コンピテンシーを作成している。これらの職種に属する職員には必須のコンピテンシーになっている。

技術職に関しては、技術職と事務職との間では、業務上の相違が小さくなっている。そのため、1～2項目程度の技術職独自のコンピテンシーを作成して、これらのコンピテンシーは選択を必須とはせず選択を推奨している。

④マネジメント・コンピテンシー

最後に、コンピテンシーの構成の最上段に位置する「マネジメント・コンピテンシー」について説明する。

この「マネジメント・コンピテンシー」は、通常は係長職以上の職位の職員に必要とされる行動を具体化したものである。

図表16　マネジメント・コンピテンシー

	コンピテンシー	定義／ディメンション
マネジメント	人事管理	①目標管理の仕組みを理解して部下に対して的確な目標の設定を指導している。 ②業績評価、コンピテンシー評価に関して、適確な評価をしている。 ③面接では十分な時間をとって、部下の課題を把握して改善方法を指導している。
	リーダーシップ	①自ら率先して目標の達成のために動いており、部下だけでなく上司や関連部門も巻き込んでいる。 ②部下に対してトップや自分の意思を明確に伝えて部下の仕事の意味づけをしている。
	ビジョンの構想力	①新たな価値創造や市民満足のために魅力あるビジョンを描き具体化に向けた説得力のあるシナリオを描く。 ②時には二律背反する要求を統合する挑戦的な戦略を構想している。
	変革への情熱	①従来の慣習にとらわれずに、戦略的な目標の実現のため変革のための強い意志を持って、周囲に繰り返し語り変革への雰囲気作りを行っている。 ②自らデータや関連資料から変革のためのアイデアをだして、その実現のために行動する。
	部下の指導育成	①部下の能力を向上させるように、業務の配分などに常に配慮する。部下のやる気を高めるように声をかける。 ②部下の能力が向上するように人材配置にも配慮する。幅広い人間観にたって、人の育成に熱意を持ち部下を積極的に指導している。
	議会対応	①議会からの照会や要求案件に対して的確に対応する。議員との関〜くこなす。

加賀市の場合は、係長を管理職候補として、マネジメント・コンピテンシーの評価対象者に入れていることが1つの特色である。マネジメント候補者をできる限り早い段階からマネジメントに関しての自覚を持って職務遂行してもらうことを目的にしている。

欧米の自治体では、マネージャーになるかどうかは、重要なキャリアパスの分岐点となっており、十分な訓練・研修を受けて、面接試験に合格して初めて、マネージャーに就任できる[10]。

「マネジメント・コンピテンシー」は、その内容を若干変更して、上司評価にも活用している。

(4) レベル要件の設定

加賀市のコンピテンシーは、前述した定義のそれぞれに対して、職位との関係を念頭においてレベル要件が設定されている。これは、各職位の職員に模範となる行動の指針を示すためである。すなわち、課長であれば課長としての行動レベルをそれぞれのコンピテンシー定義に関して設定している。課長であればどのような行動をとるべきであるかについて明確な指針を持つようにするためである。

コンピテンシーのレベルと職位および入庁後の勤続年数の関係は図表17のとおりである。

(5) 適材適所への活用

加賀市においては、コンピテンシー評価を適材適所にも活用できるように評価制度を構築している。前述したとおり、部門コンピテンシーや職種コンピテンシーの結果は、各職員の人事異動の際の参考とする。

図表17　レベル要件と職位との関係

0	1	2	3	4	5
入庁3年目までの職員	入庁4年目から13年目までの職員	入庁14年目以降の職員	係長等	課長級職員	部長級

例えば、「市民直接対応性」の評価が高い職員の場合は、窓口業務などへの配属の可能性が高まる。一方で、その「市民直接対応性」の評価が低い場合は、窓口業務への配属の可能性が減ることになる。

人事異動は、コンピテンシー評価結果のみで決まるわけではない。そもそもコンピテンシー評価のみで、人事異動を決めることは不可能であろう。

加賀市では、以下のような点を考慮して人事異動を実施している。コンピテンシー評価はその1要素と位置づけている。

また、加賀市では、課長以上の管理職の必要となるコンピテンシー要件表も作成しており、将来的には、管理職登用の際の参考とすることをめざしている。

例えば、ある部長の必要要件表は図表19のとおりである。図表の条件を参考

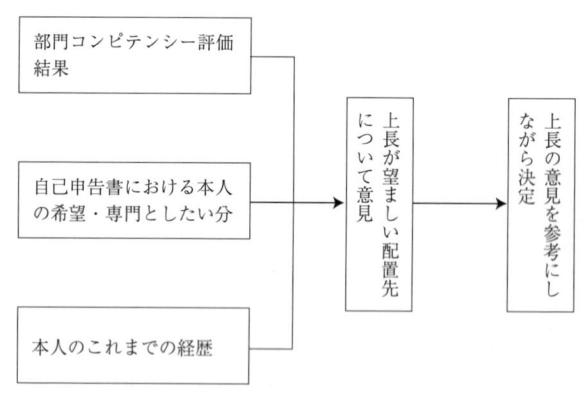

図表18　人事異動までのフロー

図表19　管理職のコンピテンシー必要要件

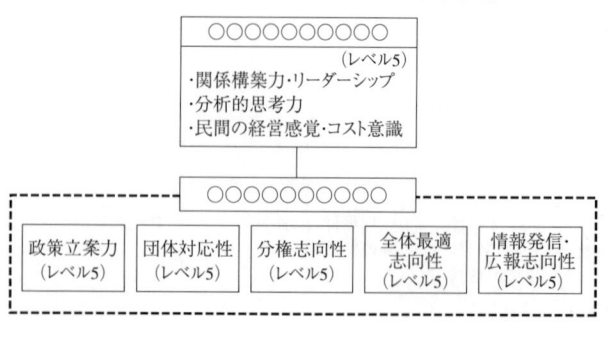

にしながら、当該部長職に就任させる。

(6) 加賀市のコンピテンシー人事制度の今後の課題

　加賀市において、コンピテンシー評価導入直後に全職員アンケート調査を実施した。その中で「コンピテンシー評価の導入によって、行動が変わったかどうか」を質問したところ、行動が「変わった」「少し変わった」と回答したものは、管理職で47.8%、一般職員で42.7%にとどまった。導入後間もない時期であることやそもそもコンピテンシーという概念がなじみのないでものであることを考慮すれば、この数値はある程度首肯できると考えられる。

　もっとも、この数字は、「将来的に行動が変わるか」についても同時に質問しており、その結果では、管理職で66.2%、一般職員で60.3%が「変わる」「少しは変わると思う」と回答しており、将来の可能性については比較的高い評価がなされている。

　将来、コンピテンシー評価が十分に理解されて定着することが課題であるといえよう。

　説明会を用いたコンピテンシーに関する説明および評価者へのコンピテンシーに特化した研修が必要であると考えられる。

4．コンピテンシーの限界と課題

　以上のようなコンピテンシーも万能ではない。活用方法を間違えると労力の割には効果が少ない結果になりかねない。職員の行動変化につながる形でのコンピテンシーの導入が望まれる。

　そこで最後に、行動変化を促す観点からコンピテンシーの限界と克服すべき課題について述べる。

(1) コンピテンシーの設定とハロー効果

　コンピテンシーは、行動に着目する概念であることから、たとえ高業績につ

ながる行動であっても、それがコンピテンシーの項目に含まれていない場合には、評価の対象から除かれてしまうことになる。逆に、特定の行動が複数のコンピテンシーの定義と一致する場合には、他のコンピテンシー項目についても高い評価を与えてしまう（ハロー効果）可能性もある。これらは、企業の人事の実務家から指摘されるコンピテンシー一般の問題であるが、行政の人事評価の場合にも当てはまるであろう。

　この問題を克服するには、コンピテンシー・ディクショナリーをいったん作成した段階で、全職員に対してアンケート調査や評価者ヒアリングを実施し、漏れた項目の有無やハロー効果の可能性を検証することが重要である。具体的には、アンケート調査によって、漏れたコンピテンシーについて質問し、記述してもらうほか、ヒアリングでは、評価者の評価した人事評価シートをもとに、ハロー効果などの問題がないかどうかを、被評価者の具体的な行動をもとに検証する。その際、被評価者の評価のもとになった前述の行動シートを適宜参照することが望まれる。

(2) コンピテンシーへのトップの理念の十分な組み込み

　コンピテンシーは、トップのビジョンや理念を職員の行動にまで具体化することに1つの重要な意義がある。そのため、自治体のトップは自らのビジョンや理念を明確にする必要がある。トップが特に重要と認識している行動要件は、コンピテンシーの定義に入れるべきである。

　また、選挙等によってトップが交替した場合は、コンピテンシーの定義を入れ替える必要がある。このメンテナンスを怠るとコンピテンシーの意義が大きく損なわれる可能性がある。

(3) 職員への定着化

　コンピテンシー・ディクショナリーを初めて活用する場合には、職員の理解不足や、定義自体が当該自治体にとって相応しくない不適応など様々な問題が生じ得る。

　いったん活用を始めた後に、様々な意見を集約して約1年程度は時間をかけ

て対職員向けに定着化のための各種作業を実施することが必要である。

　そのためには、①コンピテンシー導入時点でコンピテンシーについて全職員向け説明会を開く、②実施後半年程度で職員アンケートを実施し、不満を聞く体制をとる、②庁内LANを活用して「コンピテンシー意見板」などのコーナーを設け、そこに質問を挙げてもらい、その質問に人事部門が回答する、などの方法がある。

　人事部門では、分かりにくい定義やディクショナリーについて、再度定義を検討することが望まれる。

　職員に行動の変化を促すためには、職員自ら納得する必要がある。以上の方法によってコンピテンシーを改善し、定着させることにより職員の行動変化へつなげていかねばならない。

(4) 評価者の評価レベルの向上

　コンピテンシー活用の信頼性を高めるためには、管理職などの評価レベルの向上が不可欠である。

　コンピテンシーの定義やレベル要件は多岐にわたるので、これらを正しく理解する必要がある。定義ごとの必要性や行動の各部署における具体的なイメージが浮かぶように評価者訓練が必要となる。

　訓練は、単に研修を受けるだけではなく、評価者と人事部門や外部専門家との面接方式（ヘルプデスク方式）によって質問を受けて疑問をなくしていく方式が望ましい。

5．結びにかえて ── コンピテンシーを用いた霞ヶ関改革 ──

　これまでは、主として自治体を念頭に議論を進めてきた。

　しかし、筆者は、キャリアシステムなどの採用によってより人事制度が硬直化している中央官庁においてこそ、コンピテンシー導入の必要性が高いと考えている。

(1) 中央官庁のキャリアシステムの問題点

現行のキャリアシステムは、以下のような問題点を有していると考えられる。

第1に、現在のキャリアシステムは、大卒時の試験という潜在能力にウエイトがあるものであり、コンピテンシーのような顕在能力には基本的に関係ない点である[11]。

あくまで学力面を中心とした潜在能力をもとにした試験に合格した者が、一生涯にわたって、他の試験合格者よりも優位な地位を占めるというのは、コンピテンシーの考えに真っ向から反するものであるといわざるを得ないであろう。

第2に、キャリアシステムだけが原因ではないが、キャリアシステムによって生じた特権意識のため、組織防衛や省益争いにつながり得ることである。

すなわち、○○省の特権階級に属するという意識がたとえ無意識であっても生じるため、自らの特権（例：優良な天下り先の確保）を死守するような行動をとることにつながる。特権の死守は多くの場合、○○省の組織防衛につながる[12]。

第3に、ノン・キャリアの職員のやる気を失わせることである。

筆者も、中央官庁勤務時代多くのノン・キャリア職員がやる気を失っている姿を見聞した。ノン・キャリア職員の多くは、潜在的な能力を有していながらその能力を発揮せずに終わっている。ここでもコンピテンシーを活用することによる改善の余地が大きくある。

第4にキャリアであることに安泰して自らの能力開発を怠ることである。

例えば、キャリア官僚は有志勉強会好きである。仲間で集まったり、ちょっとした有識者を呼んで意見を聞くような勉強会は霞ヶ関に多く存在する。筆者も霞ヶ関官僚であった頃は、このような勉強会にはしばしば参加した。その当時は、このような勉強会に参加することが勉強であると信じて疑わなかった。もちろん、有意義な勉強会もあるであろう。決して無駄ではない。

しかし、筆者が民間に転じて感じるのは、有志勉強会のレベルだけでは、能

図表20　中央官庁のキャリアシステムの問題点

| 潜在能力にウエイトある採用や登用 | 特権意識が組織防衛を促進 | ノンキャリアが意欲喪失 | 能力開発不足 |

力開発としては不十分であるということである。民間でしのぎを削っている人々は、寸暇を惜しんで専門大学院や専門スクールに通い、論文や場合により著作をものにしている。

　キャリア官僚の中にも上記努力をしている人がいることは否定しない。しかし、総じて能力開発に関する危機感がないといえよう。危機感のなさの1つの原因は、キャリアであることからくる甘えであると筆者は考えている。

　以上のように大きな問題のあるキャリアシステムを変革する必要性のあることは論を待たないと考えている。

(2) コンピテンシー型キャリアシステムの導入

　それでは、いかなる仕組みを導入するべきなのであろうか。

　まず、入省時のキャリア・ノンキャリアの区別をなくして、コンピテンシーの概念を導入した昇進昇格を行うべきであると考える。

　具体的には、昇格や昇進にはコンピテンシーを用いる。昇格の際には、コンピテンシー評価において一定の要件を満たすことを条件づけるべきである。

　また、管理職の登用は、入省年次などにとらわれることなく、管理職としてのコンピテンシーを有しているかどうかを重視する。

　余談になるが、筆者は、先般オーストラリアの州政府を視察した際、先方の人事マネージャーに「管理職になるための上級職登用は何歳くらいからですか」という質問をしたことがある。それに対し先方のマネージャーは、「なぜ、年齢なんかを聞くのか。実力があれば年齢なんて何も関係なのではないか。」と言われ、当方の質問の趣旨を理解してもらえなかったことがある。

　そのような観点から見ると、先進的な自治体以上に年功的であるといえる中央官庁はいわば「化石」のようなものである。一部に能力主義や成果主義を標榜している官庁もあるが、民間の目から見ると、まだまだまったく甘いといわざるを得ない。

　また、民間企業経験者をコンピテンシーを活用して採用することも求められる。コンピテンシーを採用に活用することで人材の流動化を促すことになる。管理職の登用の際には、民間出身者と競いながら、成果の上げることのできる優秀な人

材を登用することが望まれる。中央官庁の人事、特に管理職の人事には、グローバルスタンダードから見た成果の上げることができる人材の登用が望まれる。

さらに、総務省を初め多くの中央官僚が自治体に天下っている。中央官庁における年次と自治体におけるポストはかなり連動しているがこれをコンピテンシーを活用することで是正する。

さらに、中央官庁の官僚の地方自治体への天下りも大きな問題をはらんでいる。中央官庁のキャリア官僚は、一般には出向元官庁とその年次だけで自治体におけるポストが提供され、自治体に天下りしている。

しかし、コンピテンシーを導入することで、自治体として本当に必要な人材に限って出向を認めることが可能であり是非とも必要である。逆に本当にコンピテンシーの高い人材であり、地方自治体において望まれた人材であれば、地方自治体がヘッドハンティングするようになればいいのではないか。

「コンピテンシーに基づいた人材登用と流動化」

このことが実現することにより行政が大きく変わることは疑いがない。

コンピテンシーはこれまでの学歴偏重社会を知的付加価値志向行動社会に変更する可能性を秘めている。

注
1) コンピテンシー・ライブラリーとも呼ばれる。
2) 首長のビジョンをコンピテンシーに落とし込むことは、首長の意見やビジョンが住民の意見・意向を代表・代弁していることを前提にしている。
3) もっとも、コンピテンシーが行動特性であることから、本来的には等級制度にはなじまないという考え方もある。しかし、筆者は実務的な運用や能力等級制度との関係から一定限度職位とコンピテンシーのレベル要件をリンクさせる方が望ましいと考えている。
4) もっとも、現在検討が進められている公務員制度改革においてこのような複数のコースが必ずしも検討されているわけではない。しかし、何らかの形で複線型のコース設定は必要不可欠であると考える。
5) 昇格とは等級の上昇、昇進とは職位の上昇を指している。
6) 加賀市のコンピテンシー評価モデルは、今後修正・変更される予定であるが、当面修正や変更の加えられない大きな枠組みについて本稿では取り上げる。

7）目標管理シートや職務遂行チェックシートにおける記入に関してアンケート調査を行ったところ、保育教諭職や調理職においては、記入が困難であるとの回答が他の職種に比して多かった。
8）人数が少ない技能労務職を除く。
9）一方で民間企業の場合は、同じ部署に何年も在席することが多いので、経理や総務のコンピテンシーが作成されることも多い。
10）例えば、フェニックス（米国アリゾナ州）やバイサリア（米国カリフォルニア州）などの例が該当する。
11）入省時の面接では、通常はコンピテンシーまでは不明である。面接においてコンピテンシーを調べるには、面接者に多くのスキルが必要となる。
12）この点はキャリアシステムの問題というよりも官僚制度全般の問題であるが、キャリアシステムがこの問題をより先鋭化すると考えるので、キャリアシステムの問題として取り上げた。

参考文献

Green Paul C、1999、『Building Robust Competencies』Joessey-Bass Inc.,Publishers.
Spencer & Spencer、1993、『Competence at Work』John Wiley & Sons, Inc.
アンダーセン『コンピテンシーマネジメント』東洋経済新報社、2002年。
スペンサーM．スペンサー＆スペンサーM．シグネ『コンピテンシー・マネジメントの展開—導入・構築・活用』梅津祐良他訳　生産性出版、2001年。
太田隆次『アメリカを救った人事革命――コンピテンシー』経営書院、1999年。
ガバナンス『現場の意見を反映しつつ"納得できる"評価制度を探索――宇都宮市』ぎょうせい、2003年3月号。
グロービス『MBA人材マネジメント』ダイヤモンド社、2002年。
ズウェル，マイケル『コンピテンシー企業改革』（梅津祐良訳）東洋経済新報社、2000年。
竹内一夫『人事労務管理』新世社、2001年。
葉上太郎『コンピテンシー評価で「スーパー部課長」にチャレンジ―静岡県』ガバナンス2003年3月号。
原井新介『キャリアコンピテンシーマネジメント』日本経団連出版、2002年。
古川久敬『コンピテンシーラーニング―業績向上につながる能力開発の新指標』日本能率協会マネジメントセンター、2002年。
吉田寿編著『人事制度改革の戦略と実際――成果主義から戦略実現へのステップアップ』日本経済新聞社、2002年。
ルシア，アントワネット＆レプシンガー，リチャード『実践コンピテンシーモデル』日経BP社、1999年。

第5章

日本企業における人的資源管理の適正化
—— 失われた10年からの脱却 ——

　第1節では、人事制度・賃金といった労働経済の視点から過去30年のトレンドを確認した上で、「失われた10年」と呼ばれた1990年代を同時代的に検証する。また、同時期に進んだといわれる成果主義人事について、その特徴を「市場型」と定義し、こうしたフレームワークの中で企業と各労働者（個人）との新しい関係づくりが急務であることを主張する。

　第2節では、人事制度改革が、現実的には単独での効果は少なく組織改革と揃ってこそ効果を発揮し真の企業改革となること、さらに昨今の企業改革の実現や企業戦略の策定において情報基盤の拡大が不可欠であり、その実際について医薬業界の例を交えながら解説する。また、様々な成果主義人事制度の適用に対する効果を見た場合に、職種によって特徴的な差異が起こることを、実証分析を通じて確認していく。

　第3節では、多種多様な要員によって構成される現在の企業組織において、より詳細な人的資源管理（HRM）の必要性、また各個人の人的資本管理（HCM）の必要性、さらに管理者層のプロジェクトリーダーの資質の向上が、イノベーションの原動力となること、といった企業と個人の緩やかな協調関係について検討を進める。

　結びでは、「情報化社会での人的資本蓄積」と「豊かな時代の競争原理」をキーワードに過去良好な関係を保ってきた日本企業の労使の発展的解消と、企業と個人のより良い（WIN／WIN）関係づくりについての方向性を打ち出すものである。

はじめに

　バブル崩壊を発端とした「平成不況」は、1990年代中盤以降の日本経済に、かつてない長期的な経済停滞を引き起こした。1990年代前半まで、日本のみならず世界的にも大きなプレゼンスを保持していた銀行・証券などの日本の金融業界、あるいは「Japan As No.1」と言わしめた大手製造業の各企業が、大幅な収益減に陥り、その影響力の弱体化があちこちで見られたのも同時期である。さらに「世界標準への対応」「株主利益の最大化」や「経営の透明性」といった大幅な企業改革テーマが経営課題として浮上し、こうした改革を断行せざるを得なくなり、日本の経済界により一層の混乱を起こしたことは明らかである。
　こうした状況下において、企業と個人との関係も大きく変わろうとしていた。例えばそれまで長期雇用を前提として、かつほぼ完全雇用を達成してきた日本の労使の良好な関係は、大幅な人員削減や新規採用のストップなどで根底から崩れていこうとしていた。また、雇用需要の減退が1990年代後半以降の失業率の高止まりを支えることとなった。
　同書では、現在の日本企業が抱える様々な問題点、特に企業の雇用問題を考える上で、あえて1990年代を振り返ることから始める。これは、こうした問題が立脚している根本は、過去から取り上げられいまだ解決していないまま残されていること、とはいっても1970年代や1980年代の影響がすでに歴史的事実として扱われること、等から見て90年代を同時代的視点から見極めていくことで問題の本質を抽出していく必要があると考えたからである。特に、経営管理・賃金制度といった、それまでの「日本流」が成功裡に推移していたため、環境変化への対応がややもすると遅れること考えられる。現代は歴史的には1つの通過点であり、課題解決の途上にあるのかもしれない。とすると「失われた10年」と称されたこの10年（バブル崩壊を1992年とすると12年）の間に我々は何をなし遂げ、また何を課題として次世代に残すのか？　答えが明確にならないとしたら、いまだ引きずっている過去の大きな負の遺産を消化できていないからだろうか。それを見極め、いくつかの課題を解決に導く糸口を見いだしていくこととする。

1．同時代的視点による1990年代 ── 労働経済の立場から ──

(1) 転換点としての1990年代

　1990年以降の世界的な競争激化の環境下において、日本企業は大きな転換点を迎えた。特に1990年代の雇用環境をマクロ的なアプローチで特徴づけるとすれば「リストラ」という言葉に代表される大幅な雇用削減の断行、失業率の高止まり傾向といった点が挙げられる。さらに、日本企業がそれまで手をつけなかった従業員に対する長期的な賃金への保証、（例えばベースアップといった右肩上がりの賃金上昇率）に大きな影響が出た。

①賃金上昇率

　図表１（グラフ１）は、1970年代から昨年（2002年）までの賃金上昇率の傾向を示したものである[1]。1970年代（いわゆる「高度成長期」）から2002年までの全産業における賃金水準のトレンドを確認してみよう。

　1）1970～1990年

　　ほとんど平均的に上昇しているが、これは、一般的に日本企業の特徴である定期昇給（ベースアップ）と春闘等の定期的な賃上げ要求の影響が大きいのは明白である。逆に円高進行や石油ショックといった過去のスポット的な影響は、前後数年間で吸収され平均的な上昇を続けているため全体の基調やトレンドは大きく変わらなかったことが分かる。

　2）1990年代　前半と後半に分けるとさらに特徴が明確になる。

　　前半：過去のトレンドと比べて高い水準の上昇率で推移している

　　後半：平均的に下落し、2000年には過去の上昇率を下回っている

　　1990年代の前半と後半で大きくトレンドが異なっていることは着目すべき点である。

　　ここで考慮すべき点は景気指標としての賃金水準の位置づけである。即ち賃金水準は、景気変動の後で変化するいわゆる「遅行型」の指標であるということである。これは、賃金の上昇がいわゆる企業の将来投資と現在利益の

配分にあたり、状況が明確となった後の企業戦略に影響するからである。これに対して売上高や経常利益などは、景気動向に対して「一致性」の高い指標である。そこで、賃金水準と売上高を並べて比較することで企業が過去の景気動向に対して行った人事（賃金）戦略が見えてくることになる。

②企業収益と人件費

図表2（グラフ2）では、同じく1970年代から昨年までの傾向を示しているが、「企業の総人件費（賃金＋諸経費）と売上高の」の関係を示している。単に、「支払い」賃金と比較しないのは、福利厚生費用を含めたいわゆる人件費と売上高との比較を行うことで、労働分配率の傾向を見ることを目的としているからである。

1）1970～1990年

この時期は、給与・福利費といった労働分配と企業の売上高のトレンドが、ほぼ一致している。これは、企業の経常収益の伸びが、両者に比べて低い水準で推移していることから、企業収益に対する労働分配率が徐々に増加していったことからも推測できる。

2）1990年代

前半と後半に分けるとさらに特徴が明確になる。1990年代前半は給与・福利費といった人件費が過去のトレンド以上に増加していることが分かるが、後半については高い水準というわけでないことから、前半の労働分配率の増加が徐々に企業収益を圧迫し、さらに日本企業の労働者は諸外国に比べ高賃金となり、製品価格に反映された結果企業収益を圧迫したといわれる昨今の議論はこの時期からすでに兆候があったことが分かる。

③概況の確認

グラフ1・2による分析から、1990年代の日本企業において過去からの継続的な賃金政策に対する転換があったということは間違いないと考えられる。また、過去の日本企業の賃金政策が、直近の景気動向よりも以前からのトレンドによる影響の方が強かったことが分かる。つまり、少なくとも1970年代

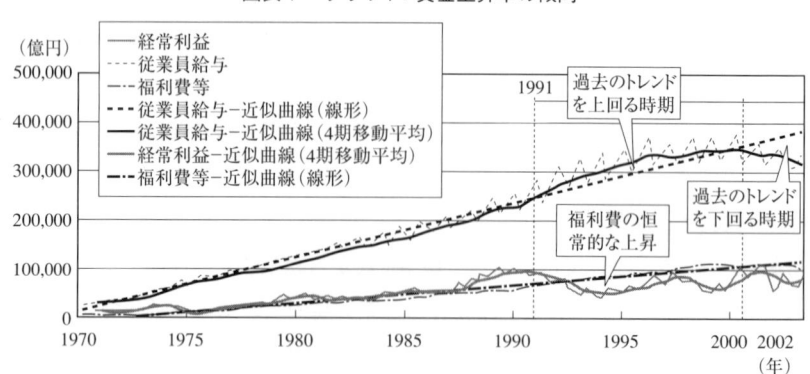

図表1　グラフ1：賃金上昇率の傾向

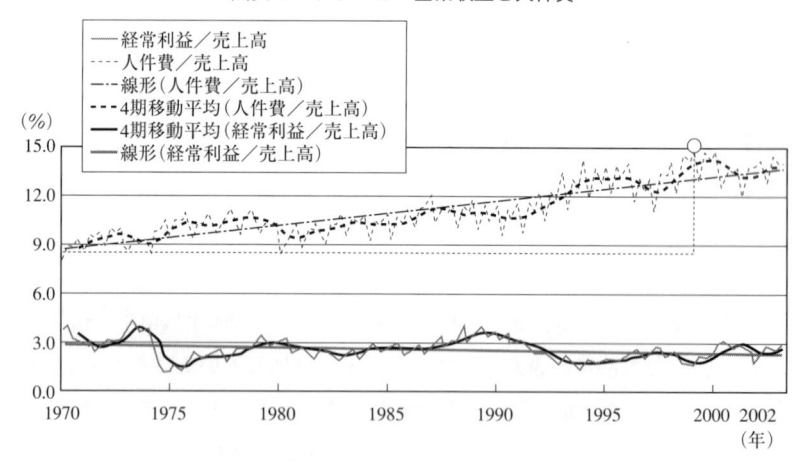

（億円）
- 経常利益
- 従業員給与
- 福利費等
- 従業員給与−近似曲線（線形）
- 従業員給与−近似曲線（4期移動平均）
- 経常利益−近似曲線（4期移動平均）
- 福利費等−近似曲線（線形）

1991　過去のトレンドを上回る時期
福利費の恒常的な上昇
過去のトレンドを下回る時期

（年）

図表2　グラフ2：企業収益と人件費

（％）
- 経常利益／売上高
- 人件費／売上高
- 線形（人件費／売上高）
- 4期移動平均（人件費／売上高）
- 4期移動平均（経常利益／売上高）
- 線形（経常利益／売上高）

（年）

　以降の賃金政策については大きく変わらなかったが1990年代になり、直近の景気変動への賃金政策の反応度が高くなり、結果として過去のトレンド（政策）の継続を途絶えざるを得なかったということが推察ができる。

　次節では、1990年代の賃金政策の転換ということで、この時期の重要な労働（賃金）政策であり現在も継続して重要な政策の1つと考えられる「成果主義」人事制度についての考察を行っていくものである。

(2) 市場型成果主義人事の登場

人事制度における1990年代の特徴として、「成果主義」や「能力主義」と呼ばれる制度が多くの企業で導入されたことが挙げられるが、こうした成果・能力を人事評価に取り入れる試みが1990年代の特殊なトレンドとすることは誤りである。

①成果主義人事制度の歩み

日本企業における成果主義人事制度の導入については、1970年代から徐々に、労使協調の結果として行われてきたと考えられている。ここでは各々の時代における成果主義の特徴について研究者の見解を紹介する。

1) 1970〜1980年：日本的能力主義

「昭和40年頃には、日経連が日本的能力主義を打ち出し、能力主義賃金（職能給）が普及し始める。（中略）賃金、処遇、ステイタスを決定するという意味で、この職能給においては、査定要素が、以前に比べ格段に強化された。」（成果主義賃金のねらいと問題点）[2]

2) 1980〜1990年：目標管理制度

「人事制度改革の流れとして、（中略）成果を実現させうる能力、つまり「発揮能力」を個人の能力評価の対象として昇給・昇格などの長期的処遇に活用し、併せて目標管理制度の下でその能力を発揮した結果による個人別、部門別の業績評価を賞与・インセンティブなどの短期的評価に反映させる動きがあった。」（人事制度改革の進め方）[3]

3) 違いと問題点

1970年代と1980年代の大きな違いとして、より個人への依存度が変わったことが大きいと考えられる。「職能給」がある水準の能力が認められた集団への評価であるのに比べ、「目標管理制度」が個人の設定した目標の達成度を計測すること併せてその長期的継続による処遇（昇進格差や短期賃金格差）への反映される、より「個人」にウエイトが置かれた制度に変わってきたことである。同時に、「個人」や「部門」業績といった、達成した成果が個人に依存するか組織に依存するかといった点での「評価の曖昧さ」という問題点が

生じてきたのもこの頃であろう。
　つまり1970～1980年代における職能給の普及・昇進や短期的賃金（賞与など）への反映は、文字どおり成果・能力によって賃金といった点では「能力・成果主義」である。では、1990年代において成果・能力主義賃金の導入が進んだといわれるのはなぜか。同じく研究者の見解を紹介しよう。

②1990年代以降の成果主義
　「日本企業が市場主義的な度合いを高めたことが、成果主義でなかった賃金制度を成果主義的賃金制度に変えてきた理由だと考えるのは明らかに間違いである。むしろ、長期的な雇用期間全体にわたる成果主義的な賃金制度や昇進制度から、より短期的な成果主義的賃金制度への変更という理解が正しい。」（なぜ市場重視型の成果主義賃金制度の導入が進むのか）[4]
　先ほど紹介した賃金水準の分析と比較してみると興味深いことが分かる。1990年代の賃金水準は過去のトレンドとは異なり直近の景気変動の影響を受けるという特徴を指摘したが、これは市場重視型の賃金制度の導入が進行した結果によるからということではないかと考えられる。
　一方で「市場重視型」は、成果主義の行き過ぎによるデメリットを引き起こす背景ともなっており、以下の2つの議論を伴うことになる。
　1）短期的な業績に対する正当な評価
　　これまで日本企業の賃金体系が硬直化しており、高い業績を上げる従業員のインセンティブを下げると同時に、企業全体のモチベーションが下げるといった点に対する改善策としての成果主義
　2）椅子取りゲーム的サバイバル
　　企業が人員削減・賃金削減等の労働政策を行う上で、成果に対する報酬ではなく、成果の低い労働者を切捨てる道具として成果主義人事を進めることが考えられ、結果として、成果主義賃金に対して収入面の不安や評価に対する不信感が表れてくる。図表3は、あるアンケート結果であるが、「必要だと思うが不安がある」という回答が最も多く、不安と必要性の各人が困惑しているという図式が明確になっている。

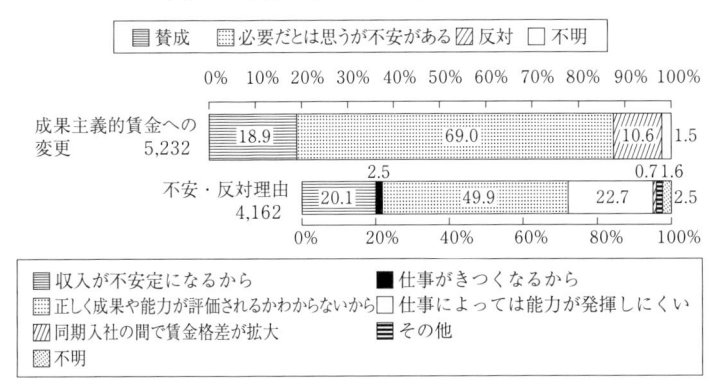

図表3　成果主義的賃金に対する意識調査

| | 賛成 | 必要だとは思うが不安がある | 反対 | 不明 |

成果主義的賃金への変更　5,232：18.9　69.0　10.6　1.5

不安・反対理由　4,162：20.1　2.5　49.9　22.7　0.7　1.6　2.5

- 収入が不安定になるから
- 仕事がきつくなるから
- 正しく成果や能力が評価されるかわからないから
- 仕事によっては能力が発揮しにくい
- 同期入社の間で賃金格差が拡大
- その他
- 不明

(3) 失われた10年と豊かな時代の競争原理

1990年代に入ってから「労働市場の流動化」というトレンドが別途起こってきた。これは、中途採用の増加などに代表される、企業にとっては労働力供給チャネルの増加（これまでは新卒者が中心）と、若年労働者を中心とする自発的失業の増加（これまでは定年退職者が中心）による労働供給市場の流動化という2つの部分が寄与していると考えられる。

①労働市場の変化

労働者が備え持つ労働資本（能力）と提供する労働生産物（成果）によって賃金を決定する「場」のことを労働市場と呼ぶこととすると、その分類は企業内の労働需要と供給における「内部労働市場」[6]と、広く企業外に及ぶ需要と供給によって賃金が決定する「外部労働市場」の2つある。いわゆる日本的雇用においては、外部労働市場の活用が少なく、内部労働市場による労働需要／供給がほとんどであったといわれてきた。

このことは、長期雇用を前提とした労働者に対して、その労働力の配分あるいは育成がもっぱら企業内部で行われることで、労働者と企業との間に保たれたインセンティブの継続と教育費用の負担という2つの課題が克服してきた。

しかし、1990年代に入って起こった労働市場の流動化のトレンドにより、内部労働市場のメリットが生成するメカニズムに歪みが生じてきたことが考えら

れる。こうした内部労働市場の歪みは、企業と企業内の個人との間に明確な溝をつくることとなり、少なくとも過去の労使関係とは一線を画すこととなった。こうした溝(意見や立場、評価などの違い)を埋めるためにも新しい「市場」の成立が必要となってくる。

②企業から見た個人とのより良い関係

　これまでの日本企業が労働者の人(半)生を長期的に保証する代わりに、中盤まで能力・成果より安い賃金が支払われ、年齢(勤続年数)が増加すると賃金が比例的に上昇する仕組みを選択し、後半には賃金とその成果がアンバランスになった(より高い賃金)状態が複数年経過した後、「定年退職」という形で企業を離れる、といった1つのシナリオを示した。即ち、こうした賃金制度が企業内での労働供給を安定化し、ひいては良質の労働力として企業成長の源泉となっていたことが、日本的雇用制度の特徴であり強みであったことは、よく知られている。しかし、長期保障を担保にした従業員の長期定着インセンティブを高めることは、長期的な支払(退職金も含め)への追加と外部労働力の調達が容易になったという2点から、効率的なテーゼ(相互合意)とはいえなくなってきている。

　そこで、企業は従業員と新たな契約を結ぶことを望むようになる。その1つの可能性が、「成果主義賃金」である。企業にとって、成果を残す従業員、パートタイマー、あるいは外部役員といった関係者が増えることで、企業の成果が上がり、収益拡大さらには労働配分も可能となる。

　また、企業は労働供給力の安定化といった点での策を講じる必要もあるだろう。その1つに、外部市場の積極的活用があるだろう。

　即ち、企業にとっては個人が成果主義制度を受け入れ、なおかつ外部の労働供給市場から質の高い業務にFITした労働力の提供を享受することができる。

　このことは、逆に外部労働市場の構成者、即ち従業員や関係者以外の個人から見ると、現在(の個人の状況)よりも魅力的でなければ職を移ることもないだろうし、内部関係者にとっても魅力的でなければ離職されるというリスクがある。

③個人から見た、企業とのより良い関係

　労働市場の流動化が進むと、労働力の供給側である個人にとって現在より高待遇を受けられる労働需要が存在する場合には、自らをプロモートして転職という形で新しいポジションを獲得することができる。もちろんこれまでも可能であったが、一般的に中途入社制度をとる企業が少なかったことや、あったとしてもその情報が少ないことから実現できなかったと考えられる。

　しかし、昨今では転職情報についての増加や、中途入社の需要増などにより、それまで企業に存在した「転職予備軍」が、一斉に動き出したと考えられる。こうした転職予備軍にとっては、単一企業での長期雇用よりも現時点の高待遇を好むと考えられ、長期雇用を希望しない労働者と長期雇用の継続を断念した企業との間に新たな市場や評価ルールを形成し、その1つが「短期的賃金の成果配分」、即ち「成果」を中心とした合意形成である。個人にとっては賃金が勤続年数や年齢などに依存せず「成果」のみを反映することで転職による長期的な視点でのリスクを下げることができる。

　逆に、単一企業への長期雇用を望む従業員にとって「成果」を中心とした合意形成はどのような意味を持つのだろうか。成果の上がらないことを理由に希望しない解雇あるいは業務を命じられる労働者にとっては、それがいかに合理的な決定であったとしても、急激な生活状況の変更をもたらすことは我慢のならないことであろう。そのため、雇用者保護という点で解雇の正当性を検証することや、労働移動の円滑化やセーフティーネットの早期設定が望まれる。

④豊かな時代の競争原理

　年齢・勤続年数よりも個人の業績ひいては企業収益に依存して賃金決定が行われる制度の導入は、先ほどから議論してきたとおり日本的な長期保障型労使合意そのものを変えていこうとしている。

　では、現在の労働者はこうした長期保障を本来的に希望しているのであろうか。確かに、予期しない解雇は個人のみならず家族への影響も大きいであろう。しかし、物質的には1970年代などと比べても豊かになってきており、短期的には生活維持を可能にする程度の貯蓄や保険制度も充実しており、パートタイム

ジョブの労働需要も存在している。逆に言うと、企業に所属しなければ生活そのものが成り立たないといった（もちろん一部の人間かも知れないが）ことは考えにくい。むしろ、年齢が上がると賃金が上がるという年功賃金の仕組みに立脚して収入バランスよりも高い支出を行った後の繰り越し損（ローンなど）による生活の不安定さが大きいのではないだろうか。逆に言うと、もし企業に残った方が明らかに収入が減少し、転職先が豊富にある場合、企業経営の責任者以外であれば職を移ることは当然であろう（昨今では経営責任者の方が早く逃げ出すケースも見られるが）。

現在の日本人を評して、豊かな時代に慣れ過ぎてハングリー精神を失ったとする議論がある。その根底には生活部分の安定を勝ち取ってきた前世代が培った企業と個人の良好な関係の目的がそこにあったからであろうと思われる。しかし過去と比べて生活面での豊かさを勝ち取った現在において、別の形で競争激化の方向に向いてきている。それは、現在の状態を改善し将来のより良い状態を勝ち取るという点では前世代と同じであるが、今度は、各企業と各個人といったより個別化した対象の合意が必要であることが大きな違いであろう。

⑤小　括

これまでの記述から1990年代の特徴を以下にまとめてみよう。
・賃金水準は、一律的に上昇してきた過去のトレンドと異なり、1990年代には、景気変動に影響を受けるものとなった。
・人事制度は、段階的に成果主義をめざしてきたが、1990年代には、より市場重視型の成果主義が導入された。
・労働市場の面では、企業内部の偏重から外部労働市場の活用への方向性が進んだ。

このような環境下において、これまでの日本的人事制度が構築してきた企業と個人の関係と異なる、新たな合意形成の下で、個人については自己による自己保護（Self-Guard）の徹底、企業については早期の体制強化による収益改善と同時に成果配分が明示的に行れる人事制度である。即ち、企業・個人ともやるべくことを追求していくことが、それぞれがWIN／WINな関係（W-Happy）を

形成していくための第一条件ではないだろうか。次に、企業側の組織改革や人事制度の適用に関する現実的な取組みについて分析を加えながら議論を進めていくこととする。

2．企業収益と成果主義人事制度 —— 医薬業界における事例 ——

ここでは企業と個人の努力のうち、主に企業側の活動を中心に1990年代の成果主義人事制度状況を確認していくる。より現実的に議論を進めていくために、業界を絞ったミクロの視点からのアプローチを行っていく。

(1) 医薬業界の動向

私は様々な形で医薬企業と関わってきた（間は原材料の供給者、人事制度の研究対象、情報化の推進者として）。もちろん、医薬業界の特徴や業界特性・問題点などを詳細に指摘した書物は多いが、ここでは、成果主義人事制度の適用という観点からその効果と職種の関係を理解して頂くために必要な業界動向や

図表4　医薬業界の国内／世界の比較[8]

日本医薬業界のBest10			世界医薬業界のBest10	
企業名	売上高	売上げ損益	企業名	医薬品売上高
武田薬品工業	773,096百万円	238,478百万円	グラクソ・スミスクライン（英）	236億ドル
三共	417,586百万円	93,965百万円	ファイザー（米）	227億ドル
山之内製薬	302,531百万円	84,648百万円	メルク（米）	202億ドル
第一製薬	261,350百万円	59,118百万円	アストラゼネカ（英）	157億ドル
エーザイ	258,615百万円	61,557百万円	ブリストル・マイヤーズスクイブ（米）	144億ドル
塩野義製薬	215,894百万円	24,117百万円	アベンティス（独／仏）	133億ドル
大正製薬	269,511百万円	73,433百万円	ジョンソン＆ジョンソン（米）	120億ドル
藤沢薬品工業	207,846百万円	18,025百万円	ロシュ（スイス）	111億ドル
中外製薬	181,223百万円	28,505百万円	ノバルティス（スイス）	110億ドル
万有製薬	169,747百万円	34,815百万円	ファルマシア（米）	108億ドル
田辺製薬	184,701百万円	29,111百万円	アメリカン・ホーム・プロダクツ（米）	108億ドル
ウェルファイド	125,102百万円	21,205百万円	イーライリリー（米）	102億ドル

注：2000年度決算。
　　医薬品売上高：純粋に医薬品のみの売り上げ、2001年度ランキング。

図表5　産業別研究費の対売上高比率・2000年[9]

全産業平均	3.04%
医薬品工業	8.60%

注：化学工業：3.64%、自動車工業　4.09%　食品工業　1.09%　等。
出典：総務省「学技術研究調書報告」

業務内容に関する背景を紹介するにとどめる。

①医薬業界を取り巻く概況

　1990年代に入り、海外の製薬業界では大型のM&Aが立て続けに起こった。製薬企業といってもその川上産業であるファインケミカルの部門や他の川下産業である農業化学品部門・ヘルスケア部門などを合わせた大幅な業界再編が起こった。その中でも製薬メーカーという視点での企業ランキングだけを見ても、この10年で大幅な入れ替わりがあり、今なお再編の可能性を含んでいる。一方で、日本の医薬業界において他業種と大きく異なる点が、日本企業が世界のBest10に顔を出さないことだろうか。日本最大の医薬品メーカーである武田薬品にしても7,730億円の売上高であり、グラクソ・スミスクライン社の１／３にも満たない（仮に＄を100円としたとしても）。即ち欧米各社にとって必ずしも手の届かない「買い物」ではない日本の医薬企業は、1990年代後半になり、世界的な企業合併のいきさつに巻き込まれることとなった。（2000年のシェーリング社と三井製薬の合併、2003年のメルク社と中外製薬の合併など、実例は枚挙にいとまがない）。

　こうした業界再編の流れを起こす引き金の１つには、より多くの研究開発費を確保したいという医薬業界特有の宿命がある。まさに規模の論理が各社をM&Aに駆り立てている。

　上記は2000年度の産業別研究費の対売上げ比率であるが、医薬業界がダントツに高いことが分かる。これは、新薬（他業種における新製品）が上市した際の波及効果が他に比べて相当に大きいからである。本当の意味での新薬を上市すると少なくとも10年は保証されるといわれるこの業界での開発費の減少は、企業の生命線を絶たれるに近い。

他方、新薬の研究開発は、テーマの設定から始まり、スクリーニング、化合物の構造決定、薬利・生化学・毒性といった試験の後、臨床試験、といった多大な時間と労力が必要となる。さらに、研究室レベルでの成功の後、製造部門での大量生産化に乗せて、製造承認・上市という手続きが必要となる。そのため研究部門には専門分野別の分業体制化と長期的に１つのテーマを追いかけていくプロジェクト体制が同時並行的に存在することになる。

②MR職の資格制度とCSO
　医薬業界には、MR（医薬情報担当者：Medical Representative）と呼ばれる医薬情報を提供する（Represent）活動を行う職種がある。他の業界の営業職に比べて特徴的な事例は、業界内資格制度が整備されていることと、アウトソーシング（OS）化が進んできていることである。
　資格制度は、MRの資質向上策の１つとして導入され、1996年には準備機関として日本MR教育センターが設立された。その翌年に厚生省認可の公益法人「財団法人医薬情報担当者教育センター（MR-EACJ）」として認定機関が発足している。また、OS化の方は、業界再編の中で販路拡大政策のためMRの増員を検討する企業が、アウトソーシング企業＝CSO（コントラクト　セールス　オーガニゼイション）の検討を始めている。CSOは欧米では盛んに活用されているが、日本においてはいまだ主流というわけではない。MRは元来、厳しい成果（ノルマ）で評価され、同一企業でも他の職種と賃金体系を異とすることも多い。さらに上記の資格制度導入による質の向上や、アウトソーシングによる人件費の変動費化といった、いわば市場型能力主義賃金がより進んでいる職種といえるだろう。

③製造部門のファブレス化・間接部門のシェアード化
　ファブレス化、シェアード化は医薬業界に特化したことではないが、企業内の組織改革として紹介しておく。ファブレス化とは、もともと半導体製造・飲料メーカーなどで見られた製造部門の全面的な外部委託による組織のスリム化のことである。これはマーケティングや設計技術などの上流分野に特化した企業を設立

図表6　製造部門のファブレス化

図表7　間接部門のシェアード化

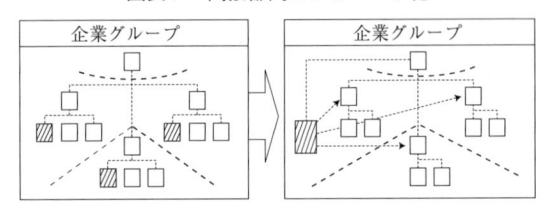

し、大きな設備投資が必要な製造部門を他社（ファウンドリー企業）に委託する、といった極小の資本での起業を可能にする。最近では、もともとファブレスで企業をスタートさせた後、製造部門（企業）を吸収合併するような事例もある。

　医薬企業では、これまで薬事法による規制[10]などがありこうしたファブレス化は進まなかったが、昨今の規制緩和で可能となり製造と販売の切り分けが進むことで、より専門特化を可能とする。

　次にシェアード化であるが、主に企業内のサービス部門を対象としている。例えばグループ企業の複数企業を透過的に見た場合、グループ内の共通業務の標準化や、1カ所で集中的にオペレーションを行っていくことにより、業務の効率化やサービスの品質向上を図るという目的で組織の再編を行うことをいう。

　こうしたシェアード化は、グループ各社に分散した汎用的な業務（人事や経理）を集中化するだけでなく、非グループ企業に対して、こうした専門分野をサービスとして販売することも視野に入れている。医薬企業でも、同様に川上から川下まで多くの関連会社を裾野に持つグループ企業におけるシェアード化

は進んできている。

(2) 企業の情報基盤の拡充

　昨今飛躍的に進歩した情報技術を基盤とした、情報社会の到来は、企業のみならず我々の生活そのものへ大きな影響を及ぼしたことは周知の事実であろう。例えば各企業や個人が、かつて考えられなかった情報処理能力を持ったパーソナル・コンピュータを活用して情報の収集や加工を行っている。さらにはインターネット網を中心に、ほぼすべての個人が企業内外の情報を平等に獲得できる立場にある。ここでは、主に企業活動における情報基盤の拡充について見ていく。

①情報戦略と企業戦略の一致

　情報戦略という言葉が大きくクローズアップされてきた時代も、1990年代の中盤であった。特に企業の経営戦略の策定に情報戦略の有無が大きく影響するようになってきたのは、ほんの数年前からのことであろう。

　それまでは「情報化」は業務の自動化やスピードアップといった実行業務の便利性を上げることが目的となり、計画策定や戦略化といった経営方針とはダイレクトに結びつかなかった。こうした点での「情報化」は、いわば19世紀における蒸気機関の発明などと余り変わらないレベルで捉えることができるが、企業の内外の情報化は、新しいビジネススタイルの形成や経営戦略の策定などをサポートする目的で使われる方向へと動いてきていることは間違いない。

　また、企業の達成目標あるいはその手段についても複数かつ複雑化の一途をたどっている。このような事態において、企業の意思統一は大変困難となる。この場合、ボトルネックとなるのは、各組織、あるいは業務単位での相互関係の矛盾であり、その影響度の明確化が必要であろう。情報基盤の拡充は企業に大きなメリットを提供したのと同時に、その統一性を内部から破壊しようとする大きな圧力となる危険性も内含している。そこで昨今の企業改革や組織改革において、その実行者の多くが必ず口にするテーゼが「全体最適」である。

　組織改革において、なぜ全体最適が必要かについては、相互的な依存関係を丁寧に分析していった結果、最終的に相反する組織・業務プロセスに対する選

択・判断の基準が、「全社的な」視点しかないからである。さらに、全社的な視点で、経営者は「選択と集中」による組織の改革を大胆に進めていく、というのが構造改革・リストラクチャリングの大きな方針であろう。

こうした「全体最適」をサポートする仕組みづくり、即ち全社戦略の策定から実行結果の評価チェックまでを正確に行っていくには、やはり情報基盤の拡充が不可欠となる。こうした目的で使われる企業の情報（IT）基盤としての代表例を2つほど紹介する。

②ERP──経営資源の効率化と業務プロセスの連係──

ERPとは、経営資源（いわゆる人・物・金）の最適配分の観点から、企業を統合的に管理し、計画と実績を効率的かつ、リアルタイムにトレースすることで経営資源の効率化、業務改善などを図る経営手法であったが、昨今はこうした管理を実践するための「統合業務パッケージ（システム）」の意味として使われることが多い。これは、パッケージシステムの活用による低コストで高品質な情報システムの構築と、システム導入時に行われる13PRを同時並行的に行うことが多いことから、システム化を前提とし、導入後は企業の重要なIT基盤となるからである。

なぜERPが、「全体最適」に対して有効かという点で一般的にいわれることは、企業内において異なる目的を持った組織体（製造・販売・購買・会計）が、企業としての収益を最大化させるため、業務プロセスごとのレベルから全社的な視点での効率化を図ることで、部分最適ではなく全体最適を達成することとなるからである。業務（プロセス）の集積と、その業務を達成するための企業内資源（Enterprise Resource）の効率的配分を計画（Planning）し、実績の活動と計画とを常に比較しながら再計画を容易に行っていく。さらに、（仕入先）→購買→生産→販売→物流→経理（債権・債務・経費等）といった業務をつなぎ合わせ、有機的に連動された業務プロセスとして一気に置き換える導入手法は、結果的に組織間の目標のずれや非効率性を排除していくからである。

特に医薬業界はこうしたERPの導入が進んでおり、大手12社のすべての企業において同じパッケージソフトであるSAP社のR／3が導入されている。こうし

た情報基盤の共有化が、業界内の合併・分離をスムーズにしているという側面もある。

③バランススコアカード ── 企業戦略の統一化 ──

　バランススコアカード（以下BSC）は、1990年代前半に多くの米国企業が取り入れた、企業の戦略策定と業績評価を同時に実現した戦略実行のためのツールである。昨今では日本企業でも導入が進み、より一般的な概念となってきている。BSCには「戦略MAP」と「4つの視点」の2つの柱がある。戦略MAPとは、戦略を記述するための論理的で包括的なフレームワーク[11]のことである。4つの視点とは、財務、顧客、業務プロセス、学習と成長の視点から、組織体の戦略の進捗度を計測するためのメジャーである。BSCはいわば評価指標をシステムの中に取り込んだ戦略策定ツールである。

　BSCの効果は先のERPとは異なり、業績評価の概念をそのシステムに内在することで経営戦略の策定と評価が明示的となることである。

　ERPは業務実行システムであり、業務の遂行時点での情報共有化や、実行計画の立案をスムーズかつリアルタイムにサポートすることを目的としているのに対し、BSCは目標値そのものとその達成度合いを様々なレベルから縦横に分析・評価し、経営指標の進捗度を可視化することが目的である。さらにすべての評価項目が最終的に企業のめざすところ、即ち複数の経営目標と紐付いて、よりバランスのとれた統一性のある経営計画をサポートすることである。

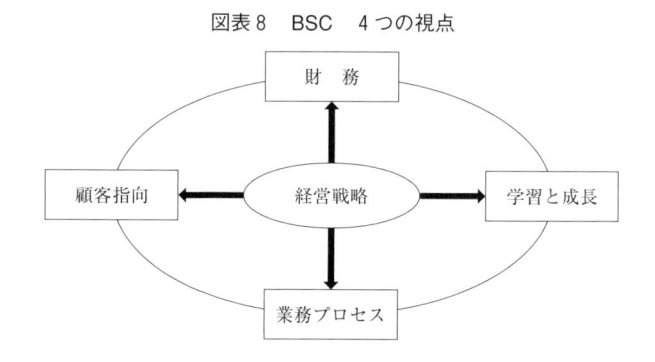

図表8　BSC　4つの視点

④小 括

　組織に対する業績評価の方向性は組織に所属する個人の業績と企業の目標が相反する状態を避けることとなる。そのため、成果主義人事制度との併用によって個人の業績アップから企業収益の増加までを1水の流れとして明確に示すことができると考えられている。

　企業の情報基盤拡充に限らず、大きな視点での情報化のメリットについては後で述べることとし、次項では医薬業界の成果主義人事制度の適用とその効果に関して行った統計分析から、企業と個人の関係を確認していく。

(3) 成果主義的人事制度の導入効果（実証分析・1995年）[12]

　ここでは、前項の医薬業界の状況や経営情報背景や各職種の特徴などを前提にこれからの実証分析の結果を確認していきたい。

①努力インセンティブの向上

　日本企業の慣行的な賃金制度と昨今の能力・成果主義の賃金制度は、両者とも従業員の「努力インセンティブ」（成果を上げるために努力を行おうとする意思）を高めて、結果として高い成果を上げることを目的としたものである。即ち、企業側はPerformとPayの関係をより効果的なものとし、従業員側は成果を上げるための努力の増加と収入の増加、やはりPerformとPayの関係が明示されると入った点で双方とも合意の仕組みづくりが必要である。では、どのようにして従業員の努力インセンティブを上げることができるのか。

　伊藤・照山の両氏は、従業員の努力レベルを高める要素として「賃金反応度」「賃金格差」「昇進確立」の3つを挙げて理論分析を加えている[13]。

　まず、短期的に決定する賃金格差と従業員の努力レベルの関係を、

（従業員の努力レベル）＝（賃金反応度）×（賃金格差）

とする。前提として、各従業員は自らの努力に依存する収入E(e)と、その収入を得るための努力（C(e)）を知っているとする。自らの努力レベル(e)を、最大化させる条件は何かということを明示的に示すものである。

$C(e) = e^2/(2R)$　（…努力関数…（進減）、R：定数）　　　　　　　　　　(1-1)

$E(e) = P \cdot W_H + (1-P) \cdot W_L - C(e)$ (1-2)

W_H：努力によって得られる高賃金

W_L：努力を怠ることで得る低い賃金

$E(e) = e \cdot W_H + (1-e) \cdot W_L - e^2/(2R)$ (1-3)

$E'(e) = (W_H - W_L) - e/R = 0$

or $e = R \cdot (W_H - W_L)$ (1-4)

即ち、賃金格差が大きく、賃金反応度（R）（賃金に対する努力インセンティブ）が高いほど努力レベルが上昇することになる。

式（1-1）は、R＜1であれば努力コストが逓増となり、R＞1であれば逓減することを示している。このRは各個人の賃金に対する反応係数（Reaction）である。さらに式（1-2）～（1-4）の展開から、最終的に努力レベルeは賃金反応度Rと賃金格差（$W_H - W_L$）によって決まるという結論を得る。

両氏は同様に、昇進格差と努力レベルの関係についても

（長期的期待賃金）＝（昇進確率）×（役職間賃金格差）

という前提から、昇進確立が業績によって決まり、役職間の賃金格差が大きいほど努力レベルが上昇する主張もある。しかし、こうした従業員の努力レベルを計測することは困難であり、モニタリングも困難である。それは、達成した成果と投入した努力が常に一致しないからである。このような場合にアンケートデータ等から傾向分析を行うことは有効な分析の1つである。

②アンケート調査の方法――実証分析の前提――

製薬企業の人事担当者に配られたアンケートデータを使用して、企業が導入した人事制度の効果について先の伊東・照山の示した仮設を検討するため、努力レベルの増減と成果主義人事制度の導入についての統計分析を行った。元データは1995年に雇用促進事業団を通じて行われた「医薬品産業雇用高度化事業」の一環として実施された「雇用管理実態調査」である。調査票は東京医薬品工業協会会員企業である230社と大阪医薬品協会会員企業270社に配布され、有効回答数310社であった。（回収率約62％）また、同時に従業員にも行われたアンケート（対象5,000人）に対する結果と併せ、人事制度を適用する企業側とその

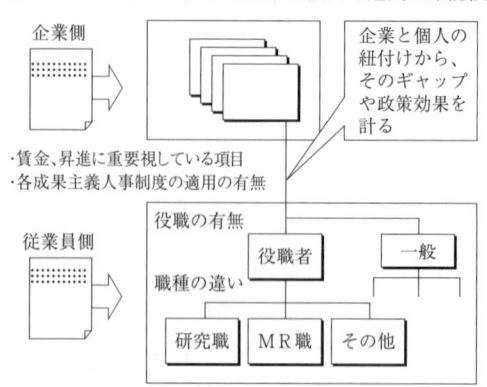

図表9　アンケートによる企業と個人の連関の確認法

企業側
・賃金、昇進に重要視している項目
・各成果主義人事制度の適用の有無

企業と個人の紐付けから、そのギャップや政策効果を計る

従業員側
役職の有無：役職者／一般
職種の違い：研究職／MR職／その他

・（御社が）賃金、昇進に重要視している項目
・（個人として）賃金、昇進に重要視して欲しい項目

評価を受ける従業員側の関係を明確にして（従業員側の個票にはどの企業に属しているかが明示されている）その効果を確認した。個票データの特性はどの企業に属しているかが明確なことである。アンケート分析の時点でいくらかの工夫をしているが1つは、分析対象の限定：（男性・職種・役職の有無・所属企業）以外は同じにしている。この種の統計分析で起こる業界の比較バイアスを避けるためである。さらに、職種（MR職、研究職、事務・製造職）と役職の有無によって、効果が異なるかについて分析を行った。対象の人事制度の限定：業績による賃金格差を起こす成果主義的な要素の強い人事制度とし、業績を短期的な賃金格差をつける制度として歩合制や賞与の業績配分等の効果、さらに、業績・能力の評価を昇進格差に使用する制度として昇進アセスメントや昇進試験などの導入と努力レベルについての関係を検証した。

　また、従業員側の努力インセンティブを高めるために、賃金・昇進決定においてどのような項目を重要視して欲しいかに関する問いの結果から、能力・業績がどの程度重視されている方が好ましいかということをより定量的に説明するために、昇進・賃金の決定要素に対する因子分析（Factor Analysis）[14]を行った。この結果から、能力・成果を重視している（して欲しい）と答えた従業員の場合は、年齢・勤続年数・学歴などを重視していない（しないで欲しい）という回答を同時に行っていることが分かる。

図表10　賃金決定要素に関する因子分析結果

Variables	1	2	Uniqueness	Factor
能　　力	0.46504	−0.33279	0.67299	0.30510
成　　果	0.40675	−0.43833	0.64242	0.32613
年　　齢	−0.44740	0.10581	0.78863	−0.19193
勤続年数	−0.47914	0.13670	0.75174	−0.21993
学　　歴	−0.04216	0.48037	0.76747	−0.14486

注：能力・成果と年齢・勤続年数は、賃金決定要素として相反する効果となるとこが明示されている。

　そこで、前述の努力インセンティブを計測する変数として、このFactorを成果主義人事制度の導入によって努力を向上させる「インセンティブの指数」と定義し、この指数が、（先に上げた）能力主義人事制度を企業が導入しているかどうかによって変動するかから観察した。

③分析結果のまとめ
　賃金格差と努力レベルの関係について以下の結果を得た[10]。
　・長期的（昇進）賃金格差が大きいほど、（社員の）努力レベルが上昇する。
　・昇進・賃金が能力によって決定されるほど、努力レベルが上昇する。
　この結果は、全役職・職種において有意なものであった。
　次に、賃金反応度と努力レベルの関係については以下の結果となった。
　・賃金反応度が高い従業員ほど、努力レベルが高くなる。
　これは、管理職全体と研究職一般従業員において有意であったが、逆にMR職の一般従業員においては、否定的であった。
　最後に、各人事制度の導入効果については以下の結果を得た。
　・「歩合制」を導入している企業の従業員ほど努力レベルが高い。
　　→全管理職とMR職の一般従業員において有意であった。
　・「賞与の業績配分」を導入する企業の従業員ほど努力レベルが高い。
　　→事務・製造職の一般従業員において有意であった。
　・「昇進試験制度」を導入している企業の従業員ほど努力レベルが高い。
　　→全MRおよび全研究職において有意であった。

図表11　職種(役職)による制度導入効果のばらつき

	賃金反応度	歩合制	賞与の業績配分	昇進試験	昇進アセスメント
管理職	○	○	―	―	―
MR	―	―	―	○	―
研究職	―	―	―	○	―
その他	―	―	―	―	―
一般職	―	―	―	―	―
MR	×	○	―	○	―
研究職	○	―	―	―	―
その他	―	―	○	―	○

○：有効　×：逆効果、他は効果が不明

・「昇進アセスメント」を導入した企業の従業員ほど努力レベルが高い。
　→その他職種（経理・人事・製造など）の一般従業員において有意であった。

　結果を一覧的化したのが次の図表11である。

　結果に基づいていえることは、賃金・昇進の能力・成果主義的決定や、短期・長期の賃金格差は、（伊藤・照山が指摘したとおり）努力インセンティブを創出し、従業員の努力レベルを上昇させることが分かる。

　しかし、どの職種や役職者／非役職者といったすべての対象に対しても有効というわけでなく、むしろ本人の属性による格差が見られたことである。全体として短期業績の反映が効果的であり、昇進決定への業績アセスメントなど成果を反映させることは有効であることが分かった。

　人事制度の適用や職種・役職といった個人の属性により、賃金や昇進の格差と努力レベルに対する効果（努力インセンティブ）にばらつきがあることが分かる。

　MR職への歩合制度の導入は効果を上げるが、賃金反応度が高いほど効果が下がる、研究職の一般従業員は賃金反応度が高いほど成果主義の効果が高くなるといった差異が見られる。こうした職種間の差異は、異なる業務に対する同一の制度適用が成果の測定を曖昧にし、企業全体としての統制が行われていないことの一例であろう。

　では、このした曖昧さを解消するためにはどうすれば良いのか。次項ではそ

の可能性について検討していくこととする。

図表12　職種別の人事制度に関する効果分析結果（プロヒット分析）

短期的賃金格差
（推定結果1-③）

職種別 （管理職）	M R Obs = 263 Log likelihood = -216.14 Paeudo R2 = 0.0731		研 究 職 Obs = 274 Log likelihood = -243.95 Paeudo R2 = 0.0359		その他の職種 Obs = 809 Log likelihood = -770.25 Paeudo R2 = 0.0246	
EFFORT	Coef.	Z	Coef.	Z	Coef.	Z
R	0.119781	0.562	-1.014998	-0.593	0.181992	1.718*
SHOUYO	0.376604	1.353	0.038317	0.151	0.020476	0.143
BUAI	1.533224	2.445**	-0.232371	-0.509	0.321088	1.379
W perform	-0.024313	-0.129	-0.072187	-0.421	0.213003	2.256**
TENURE	-0.330865	-3.324**	0.013025	0.188	0.019778	0.518
TENURE2	0.008560	3.185**	-0.000837	-0.899	-0.000484	-0.501
SHAIN	0.000346	1.451	0.000229	1.065	0.000119	1.004
SHAIN2	-2.67e-08	-0.850	-2.67e-0.8	-0.657	-1.04e-08	-0.563
STATUS	0.600720	2.528**	0.661012	3.501**	0.259726	2.919**
AGE	-0.069434	-2.155**	-0.014965	-0.393	0.014781	0.834

（推定結果1-④）

職種別 （一般従業員）	M R Obs = 253 Log likelihood = -249.90 Paeudo R2 = 0.0489		研 究 職 Obs = 238 Log likelihood = -238.32 Paeudo R2 = 0.0160		その他の職種 Obs = 423 Log likelihood = -429.66 Paeudo R2 = 0.0076	
EFFORT	Coef.	Z	Coef.	Z	Coef.	Z
R	-0.420270	-1.924**	0.273922	1.542*	-0.052754	-0.377
SHOUYO	0.284886	1.108	-0.031688	-0.117	0.321965	1.590*
BUAI	2.997543	2.690**	0.484633	1.044	-0.364082	-1.141
W perform	0.177772	1.077	0.329624	1.816**	0.089692	0.695
TENURE	-0.060410	-0.821	-0.005926	-0.064	0.059347	1.367
TENURE2	0.002241	0.826	0.000944	0.313	-0.001658	-1.275
SHAIN	0.000578	2.694**	-0.000162	-0.700	0.000041	-0.244
SHAIN2	-6.16e-0.8	-2.002**	1.92e-0.8	0.575	8.73e-09	0.305

3．企業と個人の協調

　先のアンケート分析を見たところ、企業側も個人も、一般にいわれている以上に成果主義による人事評価、賃金決定に対して否定的とはいえないことが分かる。しかし、冒頭に述べたとおり、いまだ成果主義の本格的な導入にいくらかの不安材料がつきまとうのは、この「業績」を評価するあるいは「業績」を第一義的に捉えることへの正確さや公平さというところであろう。極端に言えば、すべての人が納得できる評価などない、という意見もあるが、ここでもう一度「業績」と「評価」について考慮していこう。

（1）業績評価における組織と個人の関係
①成果主義の緩やかな定着
　日本企業における成果主義人事制度の流れをおさらいしてみよう。
　1970年代は、日本企業における成果主義の始まり…「ステップ1」であり、この時期に「日本的能力主義（職能給）」や、「職能等級・業績査定」といった成果主義の方向づけがなされたと考えられる。
　さらに1980年代になり、「個人別」というキーワードの下、「目標管理」や「能

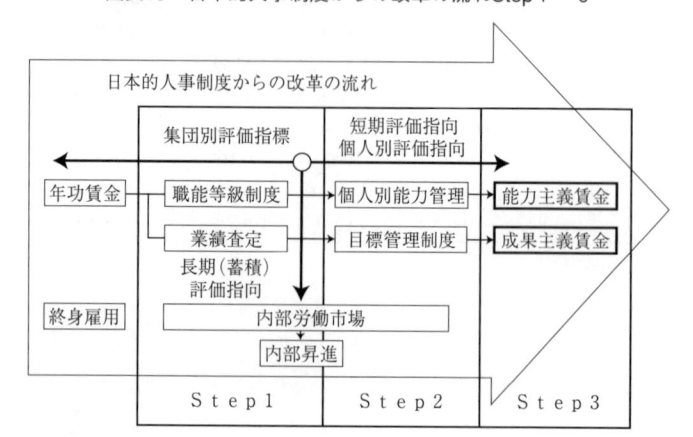

図表13　日本的人事制度からの改革の流れStep1～3

力管理」などのやや日本的な個人評価の時代に進んだ。…「ステップ2」

さらに1990年代になって「能力評価」「個人別」といったキーワードから、「市場重視型」への展開が行われたことになる。…「ステップ3」

成果主義という流れから見ると、現在においても制度としての進化はこのステップ3の時点で止まっているあるいは終わっているのかもしれない。その後の展開としては、日本企業が得意とする制度の緩やかな適用や日本流への応用に関するさらなる努力が必要となるのであろう。

ただし、市場主義的成果主義の適用は「個人」と「市場」という2つのキーワードが各個人によって自覚的に取り入れられる必要があるといった点から、これまで（1990年代以前）に起こった制度適用や応用とは、性格が異なっているのかもしれない。では、個人による自覚について、どのような流れが観察されるのであろうか。それは、ややもすると個人の自己保護（身）と見られるケースもあるが、企業に頼らない個人の自己資本（能力・経験）の蓄積に対するインセンティブが高まっているといえるであろう。

②評価の市場性・独立性

仮に、個人の能力や業績が計測可能であり、同様に組織の業績も計測可能であるとした場合、両者の相関を明確にすることが可能であろうか。ここで、「市場性」の導入が評価の曖昧さを解消するかどうか考えてみよう。仮に個人の能力を評価する市場があった場合、市場による評価と各個人や組織が所属企業が行う評価とではどちらに軍配が上がるのであろう。端的に言うと、ほぼ変わらない業務を行う個人の賃金が企業Aでは高く企業Bでは低いということと、同一企業内で異なる職種間で、ほぼ同じ業績を上げた個人の間に賃金格差が生じることではどちらの納得性が高いのであろう。もちろんケース・バイ・ケースであろうが、現時点の日本企業においては、明らかに後者への反発が高いことが考えられる（市場は、企業の評価に対して何の制約もないからである。）。

次に、個人と組織の評価が「独立」していることで納得性が高まるのであろうか。「評価の独立」といった場合に2種類考えられる。1つは専門性が高いという意味、もう1つは他の個人（組織）に対する影響が少ないという意味であ

る。例えば、特殊な資格・技能を必要とする業務と、特殊性は少ないがどの部門（個人）とも関わりが少ない業務があった場合、どちらも業務の独立性といった点では高くなる。各々企業の中では唯一かつ欠けることのできない業務であるとし、企業内での評価に大きな差がないとしたら、納得性が低いと考えられるのではないか。このような場合、やはりその業務の市場性を考慮する必要があるだろう。

即ち、先の「市場性」は「専門能力」に対しては納得性を高めることに有効な視点であると考えられる。

個人の短期的な業績を成果評価に取り入れ、短期的に賃金に反映させていくという評価していく大きな流れは、30年間にわたって日本企業において取り上げられ続けていうテーマであることが分かる。元来、適応（アプリケーション）能力については高い評価を受ける日本企業において30年もの間徐々に適用してきたのにもかかわらず、現在においてもその批判が薄まらないのはなぜであろうか。

(2) 職種別格差に見られる人的資本（HC）蓄積過程の違い
① 職種別評価の必要性

先に紹介したとおり、成果主義制度の適用といっても職種や業務の特性によって、同じ制度もその意味合いや効果が異なることが分かる。

例えば、医薬業界において、MR職に対して有効な人事制度を研究開発職や製造職の従業員に対して適用していくことで無理が生じることは明らかであろう。しかし、業務特性や業界的な競争の激化、質の向上といった資格制度の導入による能力開発は、MR職の各個人および集団の成果を上げるためには必須事項であることも明示的である。

他方、賃金反応度の高い研究開発職の若手に対して、長いスパンで進む研究開発プロジェクトの最終成果を持って初めて賃金への反映を行うようであれば、優秀な若手研究者を失ってしまうことさえ起こるかもしれない。

即ち、職種ごとに、その特性に合った評価が可能になる仕組みづくりを行わない限り、成果を出せる環境にはなりにくい。これまでのような同一企業における同期入社横並び的な評価制度を採用することは、逆に、従業員の「やる気」

を損ない、成功要因を損なうことになりかねない。

②市場型能力主義の適用
　個人の能力が企業内で有効的に利用されることと、企業が成果を上げるということを、同時に達成するための人事制度改革や組織改革は、突き詰めれば所属する個人のためということにもなるはずである。
　しかし、個人といっても具体的に誰のためであるかが明確でなければ、個人のインセンティブは向上しない。そのため、人事制度の導入効果は職種や役職の有無といった個人（小さな集団）の特徴に依存することになる。逆に成果が明確に評価できる小集団別に評価制度を形成していく方が合理的であり、能力／成果主義が進行すると考えられる。
　他方、企業にとっては個別管理のわずらわしさや、企業文化の継承や統一化、社員の忠誠心が薄れること等のデメリットが起こるという批判があるかもしれない。しかし、こうした批判は職種別賃金制度の適用をあきらめるほどのデメリットとは考えられない。
　まず、「個別管理の拡大」における複雑な手続きや多くの事務量の発生については、IT技術の導入や社外の専門知識の利用を積極的に行うことで解決する糸口は多分にあるだろう。また「企業文化の継承」という点においても同様である。企業文化＝ブランドとした場合、こうしたブランド効果を獲得するために、単一企業だけでなくその周辺を含めた文化の継承が行われている。社員が企業に忠誠心を持つことと個別管理を行うこととの矛盾は生じないように思う。
　例えばIBM社などは多くの社外の協力会社との協力によってプロジェクトを推進することが多いが、協力会社を含めてその企業文化の継承が要求されるが、協力会社側が拒否することは考えにくい。社外での継承が可能であれば、社内はよりやさしいと考えられるのではないだろうか。
　さらに重要なのは、小集団に対する評価方法である。ここは、小集団への評価市場の存在の有無が大きなキーとなる。
　能力や評価の測定可能、かつ評価する市場が存在する集団、例えば先のMR職については市場性を取り込み、企業の枠を越えた他の小集団との公平性を期

す必要があり、現実としてそうした方向に向かいつつある。

　また、市場性が低い（あるいは特定の企業にのみ存在する）小集団の評価については2つの見解がある。1つは他企業での必要度は低いが企業にとって高収益の源であるような小集団については、各企業独自の判断が必要となるが、もともと個別管理されている可能性が高いと考えられる。他方、社内では専門性があるが、なるべく専門性が磨かれるかつ評価されるために他の企業の同一機能との統合を進めていくことで、評価がより鮮明となるであろう。

③目指すべき人的資本（HC：Human Capital）蓄積のイメージ
　昨今、人的資本という言葉と、それに似た使い方で人的資源、HR（Human Resource）という言葉がよく使われている。
　もともと、資本・資源といった概念は経済・経営学にある人・物・金の3つの資源に対して、後者2つ「物」と「金」に対して使用されてきた言葉であり、これらが「有限」であり、その活用・運用といったところがフレキシブルにマネジメントできることが前提である。こうした概念を「人」に適用することはどういった意味を持つのだろうか。
　まず考えられることはいわゆる工数管理といった面での活用である。即ち事業を構築するあるいは業務を遂行する際に、どの程度の工数が必要となるのかといった点で組織設定の目安とすることは経営学の得意分野でもあろう。
　しかし、昨今「人的〜」といった用語が使われる局面には、単なる工数ではなく個人の能力や経験といった、まさに個人が所有する「資本」であり企業が配下に納めた「資本」を業務遂行の「資源」として管理し、収益を上げるために活用するといった「成果につながる能力」という意味で使われることが多い。
　言い換えれば、企業にとって組織目標・企業戦略を達成するため、さらには企業内での人的資本ストックを高めていくことが、HRの基本的な概念である。特に、企業間の競争がより激化し職務内容の専門性が高まっている中で、各個人が自分自身を守る必要を感じ、行動を起こす際の大きな動機として自らの人的資本（能力や遂行力）を蓄積する必要がある。企業は各個人が専門性を身につけるためのサポートと、専門性を評価することの繰り返しを可能とする環境

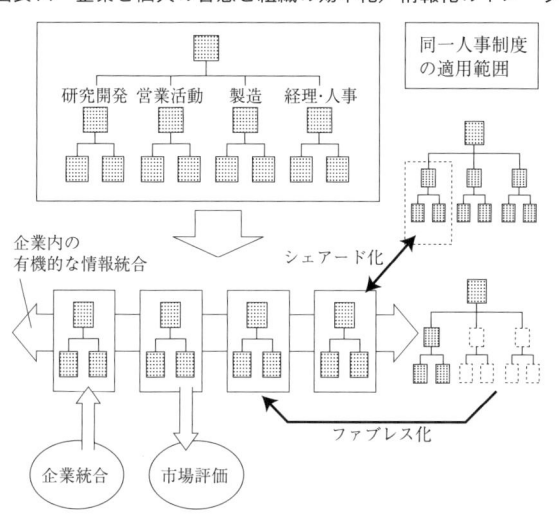

図表14　企業と個人の合意と組織の効率化／情報化のイメージ

を提供することで従業員と良い関係を作っていくことができるのではないか。

　企業は、シェアード化やファブレスなどの経営手法により組織改革を行ってより効率的な組織へと生まれ変わり、成果を最大化することを目的とする。企業内の相反する目的の存在は企業組織の分解や企業戦略の方向性の見直しなどによって突き詰めていく。

・個人は、成果を最大化することで自らのクォリティーを高める。そのことで、自己の専門性を磨き、より高い評価を勝ち取る。
・これら分解した各小集団ごとの目的達成をサポートし、小集団間の情報連携を有機的に行う。

　個別化による専門化、細かな管理、有機的な情報連携には、これらをサポートする情報基盤が不可欠ということになる。

④小　括 —— 組織効率化・能力の専門化の先に見えるもの ——

　10年の間に起こった企業組織の改革や、成果主義人事の適用などにより、丸抱え型の過去の関係と手を切り、新しい関係をつくりつつある企業が増えてきている。

しかし、それだけで企業の再生や収益構造の劇的な改善はあり得ない。即ち、過去の延長線上ではなく次のステップに進んでいくために、何らかの地殻変動＝イノベーションが必要となる。次項では、これまで企業内で地殻変動を起こしてきた人々の資質と、その今後について確認していく。

(3) イノベーションを生み出す個人とその資質

　ここ数年、女性歌手Nの歌声とともに日本の企業人を取り上げられるNHKの番組がある。ある世代のサラリーマンを中心に大流行しているこの番組では、企業の存亡を分ける課題をなし遂げたり、それまで考えられなかった新しい分野の開拓を行ったりといった高い成果を上げているが、必ずしも企業内で大きな評価を受けたわけではない、むしろ評価されなかった人を好んで紹介しているようにも思われる。

　それはさて置きこの番組が持つ大きなテーマとして、企業内の「イノベーション」の創造があると考えられる。これまで、企業内に眠っていたあるいは外部に公開されることがなかった日本企業の成長の源泉を、象徴的に紹介することで、現代（2004年）に生きる我々日本人（企業人）に欠けるとされ、今後伸ばしていかなければならない新たな分野への開拓・イノベーションを起こす人々へ、企業内の地位や制度的な成功という視点から大きな拍手を促すためのものではないだろうか。少し、前置きが長くなったが、こうしたイノベーションを生み出すシステム（仕組みづくり）について研究者はどのような成果を残しているのであろうか。

① 企業内イノベーションを支える人々

　ここでは、「イノベーションを支える人々」という調査論文[16]を紹介する。ここではこの中で楠木氏は、HWPMモデルに従い、企業内でのイノベーションを実現する上で鍵となる2種類のリーダーが存在することを指摘している。具体的には個別の要素技術の開発に長けた「技術開発リーダー」と、製品システム（製造から販売まで）を達成するためのプロジェクトを立ち上げ、さらにプロジェクトを横断的に仕切る「製品開発リーダーの2種類」である。その上

で日本企業において、「要素技術」の開発力よりも、それをまとめ上げる「統合力」が競争優位の源泉であるとし、「製品開発リーダー」の役割として「コンセプト・チャンピオン」を形成して社内の合意を取り付けていく発力を評価している。

他方、技術開発リーダーについては高度な専門知識のバックグラウンドを持ち、社内の関連部署の人々との相互作用というよりも外部の専門家コミュニティーへの接触を積極的に行っていく傾向にあるとしている。

即ち、よく言われる「社内スペシャリスト」集団のイメージで、こうした「技術開発リーダー」の能力評価を傾向的に分析する上でアンケートを使用した。検討分析を行った結果、「社内スペシャリスト」のイメージと現実の「技術開発リーダー」との間に（大きな）ギャップがあることを指摘している。

（以下　引用）

「「機能知識のスペシャリストとしての技術開発リーダー」という図式と現実の日本企業の技術開発リーダーとの間にはかなりのギャップがある、ということになるだろう。技術開発リーダーは、（中略…）」

・必ずしも高度な専門的教育のバックグラウンドは持っていない、

・様々な領域での多様な仕事経験を持っている、

・製品開発プロジェクトでの経験がキャリア形成にとって重要な位置を占めている

・機能横断的な相互作用を組織の内外の人々と積極的に行う

といった、むしろプロジェクトリーダー的な資質を持った技術的リーダーが高業績を起こすことを指摘している。

氏の指摘した「専門技術」と「リーダーシップ」という2つの側面で見たリーダーの資質は、先のNHKの番組で取り上げられる成功者の特徴にも重なり合う。もちろん、いくらか美化されて報道しているところはあるだろうが、プロジェクトを立ち上げ遂行していく能力を備えているという点で、いわゆるスペシャリストとしての能力ではなく、「統合力」に長けていることが大きな成功要因であるといえるだろう。

②新しい合意の下でのリーダー育成プロセス

　短期的な成果評価や、機能重視の小規模集団化が、これまでの日本企業が培ったリーダー育成のプロセスを損ねるためリーダー育成が不可能になるといった、短期的評価への批判がある。確かに、先ほど示した企業の細分化による組織の再編や、各個人が個別の専門技術を高めることに集中していくことだけでは、企業横断的な視野を持ったこれまでのようなリーダーを生み出すことはできないかもしれない。確かにこれまで企業内で育成されるリーダーは複数の組織に目が届く、いわば製造から顧客、財務まで横断的に見通せることが成功の条件であり、組織分割や効率性のみを追いかけることでは、単一企業内だけではこのような役割を経験することは難しい。

　ただし、ここで「製品開発リーダー」と「コンセプト・チャンピオン」という単位でのリーダーを考えてみよう。即ち長期的かつ企業全体的な視点を持つリーダーの育成は困難かもしれないが、製品やコンセプトという、より市場に近く短期的な成果も出すことができる「プロジェクト単位」のリーダーを育成していくことが、ひいては企業のリーダー育成の根本を構成することになるのではないか。

　逆に、より広い機会を提供することで、多くのリーダー育成が可能ではないだろうか。

③専門分化とプロジェクト化

　これまでいわれてきた日本的人事制度の特性の1つに「遅い昇進」という批判があったことは一般には大きなテーマとして議論されてこなかった。なぜか？　企業は、「昇進」という評価を長期的な生活保護の手段として賃金体系に含んでしまったこと、あるいはリーダー候補は早い段階での選抜があったとしても、ある時期まで明確なものとせず他の非リーダー候補のインセンティブを下落させないといった、やや「欺瞞」に近いブラックボックスの中に封じ込めてしまったからであろう。

　年功序列といった制度が崩れることは、企業内でリーダーをつくり上げる新たなシステムを、構築していく必要が生まれたことを意味する。

果たして日本企業はリーダー育成能力を失いつつあるのだろうか。企業側に立つと、人的資源管理という面でも自企業のコアコンピタンスを担う専門分野のリーダーの育成、あるいは外部調達することは必須であるが、それと同時に企業経営のリーダー（例えば取締役など）も内部育成、あるいは外部調達する必要がある。例えばMr.ゴーンによって大きく生まれ変わった日産自動車の場合、企業内で育成されたリーダーよりも外部市場から調達した方が有効であったという直近の例である。逆に、個人にとって企業のリーダーとして経営に従事することと、職務遂行能力を自らの資本として積み重ね成果を上げるという人生の選択に関する大きな決断を早い時期に行う上でも、早いリーダー選抜と、その情報公開といった点でのメリットが高い。さらに、リーダーとしての能力がリーダー経験の豊富さに依存するとすれば、プロジェクトリーダーの育成は経験を積むという意味では最も効果的ではないだろうか。

4．失われた10年からの脱却

　企業と個人、さらに両者の間の約束事である評価・人事制度を中心に1990年代を振り返ってきたが、最後に、この10年間での日本企業の労務管理や人事評価における大きな変化、あるいは運用上の課題といった点についてまとめ、その方向性について答えを出していく。

　冒頭にも述べたとおり、こうした変化のきっかけは、不幸にも平成不況という日本経済に対する大きなマイナスの環境変化であったが、この10年に成し得たことすべてを否定的に捉えることは誤りであろう。むしろ、より良くなるための1ステップとしての変化も多く見られる。

　その1つは過去に比して圧倒的な情報供給量、およびそれを支える情報基盤がつくり出す「情報化社会」の到来である。また、長期間の高い労働分配の継続による生活基盤のレベルアップ即ち、「豊かな社会」の実現もその1つである。

(1) 情報化社会におけるHC蓄積プロセスの転換

　まず、情報化社会という切り口で考えてみよう。第3章では、主に企業側の情報化の事例、特に企業戦略の立案プロセスやモニタリングに関するITツールを紹介したが、もちろんこうした企業戦略の中で組織に参加する個人もメリットを享受でき、個人と企業がより良い関係を築き上げるために、こうしたツールをどのように利用するか、を明らかにし、より公平かつインセンティブを向上させる仕組みづくりが必要である。

①教育投資のインセンティブ

　成果主義と能力主義は、正当な企業戦略に則った組織の中での人事制度として、企業・個人の両者とも有益なものとなることは先に述べたが、その前提として、企業も個人も成長する（あるいはより良くなる）ための周期的な仕組みづくりが必要である。企業は、戦略の達成度およびその方向性が常に市場の監視下にあることでチェック／評価のプロセスが成り立つが、個人にとっても同じく成果の評価と同様に能力の蓄積のためのプロセス設定が必要となる。こうした能力UP（HC（Human Capitals）の蓄積）のためのプロセスと、それを助けるITツールについて考えてみたい。

　過去の日本的長期雇用の時代には、その大きな特徴である単一企業の長期雇用が内部労働者の生活のみならず、能力開発の機会をも創造する場としても有効に機能していた（外部に漏れないという意味で100％同一企業に蓄積される）と考えられているが、昨今の雇用流動化は、必ずしも内部労働者に対する教育投資の回収が必ずしも可能とはいえない状況で企業行動も変化している。即ち、企業にとって各個人への教育の場を与えるインセンティブが低下する。しかし能力開発に対する需要が減った分けではなく、むしろ短期的な成果主義・能力主義による賃金制度の導入は、個人にとってさらなる能力開発の機会が必要であることを示しており、両者に明らかに矛盾を生じている。

　有賀は、人的資源管理、特に中高年における問題点を以下の指摘をしている。「個人の潜在的能力の評価をベースとする報酬体系では,それぞれの能力に見合った適切な職務が企業内で用意されねばならない。当然のことであるが、この

条件は養成される技能が企業特殊的であればあるほどより深刻な問題となりうる。」[17]

こうした企業特有の業務の存在は、短期的には代替不可能な要員の需要を起こすが、その業務が時遅れとなった段階で新しい職場を用意することができないということだ。これに対して、政府は個人の能力開発のためのサポートとして、雇用保険による教育費用の割引制度を導入している。これまでの全体主義的な教育支援制度に比べて個人の裁量が増えるため、この制度に対する評判は悪くないと思うが、現在のところ雇用拡大につながるあるいは雇用のミスマッチを解消するといった点で有効的な解決案といえない。それは実際に教育機会とは何かという視点に立脚した時、業務を遂行することに付随した教育・知識の修得（OJT）が、最も効率的な資本（HC）投資となるからである。

②プロジェクト型資源管理の必要性

先に紹介した企業改革の事例について、その成功には常に2つの大きな問題が立ちはだかる。1つは、企業内の意思統一であり、もう1つは、経営資源な制約、即ち、人・物・金による企業行動の制限である。

前者については社内の利害対立を全社的視点で解決し、かつ企業として良くなるという目標に対して全社的なコミットメントが発行されることが必要であり、そのための情報共有化や全社的な戦略遂行とそのモニタリングといった対応が必要である。また、後者については、企業改革における企業の資本投資行動が通常の企業の投資行動と何ら変わることはないが、「物」・「金」の制限よりも最も重要な資源が「人」であり、人的資源の効率的な配分が必要となる。特に、複数の経営課題の解決を同時並行的に遂行するためには、企業の人的資源が有限であり、キーマンが重なることによるボトルネックの発生が起こる。そのため、短期間に効果を上げるための資源配分に関するマネジメントが必要となる。

各々が持つ連関度を測り、共有化が可能な部分を統一化させ、合理化プロジェクトは、ある期間で必ず終結し、結果を出して解散するという大前提を持つ。こうした点で優れたマネジメント手法が「プロジェクト」化である。経営管理

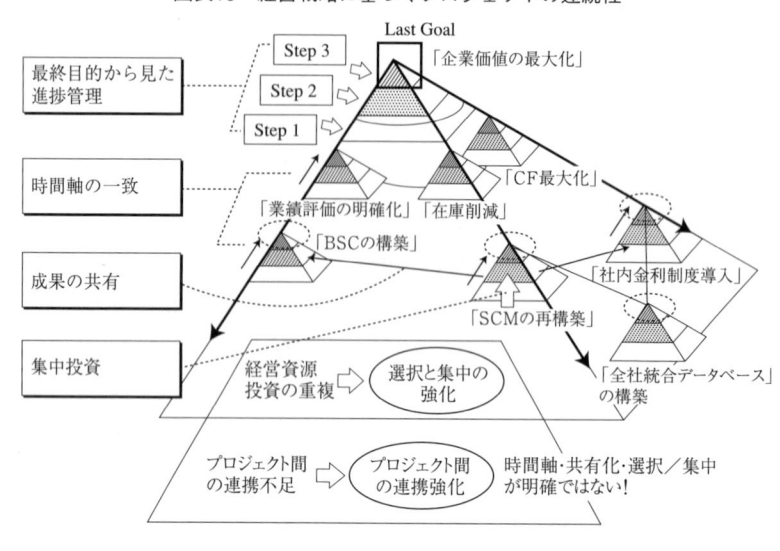

図表15　経営戦略に基づくプロジェクトの連続性

の潮流において、昨今プロジェクト型組織や、「P2M」[18]のように、プロジェクトマネジメント能力評価の資格化が行われている。

　もちろん戦略からその監視まで1人の統括した人間がすべてを見渡し、適切な指示を出すことができるようなケースではマネジメント手法も情報化も効果が薄いのかもしれない。また関係者が一丸となって1つのテーマをつぶしていくケースも同様であろう。しかし、組織の細分化や各々の業績評価を通じてし、さらにはこうした業績を上げることができるシステム（仕組みづくり）の構築をめざす必要がある。

　ひいては個人の業績、さらには収益にも跳ね返るのであれば、各々細分化された小組織の目的と全体目的とを常に一致させる指針が必要となり、企業内での知識（ノウハウ）蓄積に最も有効であるからである。

③標準化の推進とE-Learningによるノウハウ開示

　昨今は日本でも一般的に使用されるE-Learningだが、海外の事例を見ると、自社のノウハウだけでなく複数の企業・業界のノウハウを公開し求職者に公開する（有料）のケースも増加してきている（以下引用）。

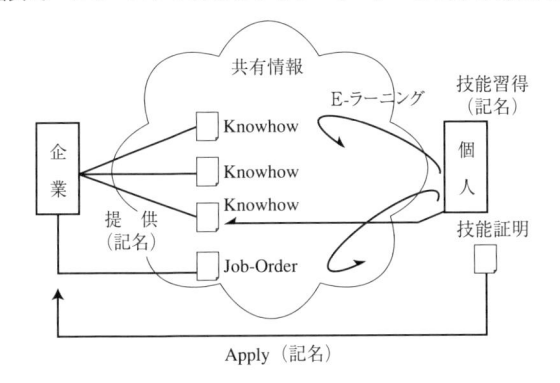

図表16　E-ラーニングによるジョブ-オーダーのための情報共有

「成果主義を導入した企業で、なおかつ従業員に対する教育訓練を同時に強めたときに初めて労働意欲が高まるという研究結果が出ていて、(中略) 日本IBMで成果主義を非常に徹底していますが、同時にe-learningを含めて社員の教育訓練というのは、非常に充実…」(2002年、雇用・人材・情報化委員会、国民生活審議会総合企画部会)

企業の社員教育や新人研修等にe-learningが使われることが増えてきた。

こうしたバーチャルで公開された教育は2つのメリットが生じる。1つは、複数の企業が参加することによる教育コスト削減、もう1つは能力評価の公平性である。

④魅力ある企業づくりのための情報戦略

冒頭にも述べたとおり、魅力ある企業に人は集まるが、企業という観点よりもやや個人が各々の魅力をその企業に感じることが第一義である。

そのために企業は共有するべき最終目的とそれを達成する様々な業務に魅力を感じる個人とのより良い関係を結ぶためにもこうした組織改革が必要である。

まず、細分化された組織や業務は、成果を達成する能力(即ち個人の人的資源)のガイドラインをより明確にすることになり、自らのやりたいこととその基準の間の差を埋めるべくより効果的な能力開発(個人にとって)を可能とするであろう。ただし、こうした基準は広い市場(外部労働市場)で良く練られ

る必要があるだろう。それは達成能力を持った個人にとって開かれた労働需要が非合理な基準を淘汰するからである。

またプロジェクトの連関さらにはその可視化と、情報を共有化することが個人に必要なのは、自らのさらなる発展を考える上でのガイドラインとなること、さらには経営戦略といったリーダー的視点での考えがリーダー育成にも効果を及ぼすという点である。

ここで2つのことを提案したい。1つは、細分化した能力市場の形成およびその評価基準を中立的な組織が仲介してつくっていくこと、例えば先般のMR職における基準などと同様に企業を超えた基準である必要があるからである。もう1つは、こうした基準とその達成プロセスの共有化である。具体的には昨今着目されているE-LEARNINGなどのように低価格で広く共有するための仕組みづくりを広く行うことである。

⑤仲介者の役割とその情報化

さらに、完全雇用あるいはそれに近い状態を保つ責任が、社会の安定といった面で政府が持つ必要があるのであれば、政府はより正確な労働需要・達成能力の評価基準・個人の能力とのギャップとそれを埋めるための具体的施策といった個人に対するきめ細かいサービスを提供していく必要があるのではないだろうか。

もちろん自由経済の状況下で、厳しい統制を提案しているわけではない。当然ガイドラインに比べてより良い条件で個人と企業の契約が達成できるのであれば、そのガイドラインはお互いにとって必要のないものである。むしろ、供給側と需要側がお互いに二の足を踏んでいることで市場が成立しないミスマッチが起こっているのであれば、こうしたガイドラインの提案が効果的であると考えられる。

(2) 豊かさの共有 ── 企業と個人のWIN／WINな関係 ──
①ゆたかな社会

アメリカの著名な経済学者J.K.ガルブレイズは、その著書「THE AFFLUENT

SOCIETY FOURTH EDITION（1984）」において1980年代のアメリカをこのように批判している。その中の記述をいくつか抜粋している（以下抜粋・章・章名）。[19]

「教育は豊かな社会において両刃の剣である。…ゆたかな社会の諸々の価値、わけても業績の指標としての生産に対する先入主が、社会に奉仕する人に要求される教育によって蝕まれるということである。～18章　投資のバランス」

「職を求めて移住することは悲しいことであるが間違った場所で非能率な生産に従事することがもっと悪い。…財貨が緊要でなくなったとすれば、最大の能率で財貨を生産するために故郷を去れと厳しく命令することが出来るだろうか。…財貨の限界緊要性の低下につれて若い者と老人とが、まず労働力からはずされるべきことは論理的に当然である。～19章　転換」

「生産が職を提供しえない場合、…必要とされる措置は3つある。第1は、失業手当の水準を平均週給にもっと近づけ、かつ手当てをもらえる期間をもっと長くすることである。…これは、常に生産を高い水準に維持しようとする圧力を軽減する。～20章　生産と保証の分離」

「人間に対する投資がもたらすものは、目に見えず評価することもできない以上、人的投資は物的投資よりも劣っている。…彼が何よりも欲するのは自分の子供たちが面白くてやりがいのある職業つくことである。～23章　労働・余暇・新しい階級」

キーワード（各章名）を確認してみると、「投資のバランス」「生産と保障の分離」についてはこれまで紹介してきた企業改革のテーマそのものであり、また日本企業の労務管理が大きな「転換」期を迎えて、「労働・余暇・新しい階級」の達成、具体的には過去の賃金価値の達成を第一義とした労働意識とは異なる、よりやりがいのある職業・仕事の獲得を第一義とする労働意識を持った世代の出現を予言している。

企業と個人が豊かさを共有するためには、これまでの相互依存の関係からより独立した、さらには両者対等な立場で成果という生産物から得る収益を按分していくことが必要である。もちろん、いくつかの既存概念を乗り越えるという点で大きなコストを支払うこととなるが、労働意識・生産物（成果）の個別化・能力・成果評価の共通化によって個人の人的資源をいかに効率的に配分す

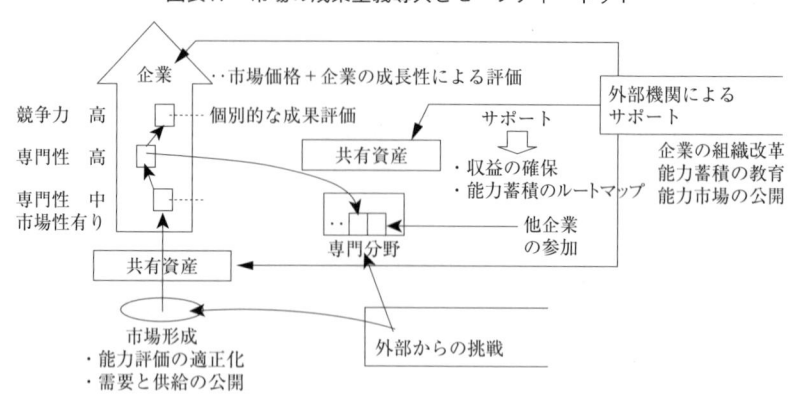

図表17　市場の成果主義導入とセーフティーネット

るための術を知ることとなる。

②労働市場の正常化

　企業も個人も次のステップとして、市場で評価される能力を獲得し成果を上げていく以外の解決方法はない。

　成功こそ自信の回復となる。先ほど来、成果の単位を細かく規定することで評価基準を明確にすることや、複数企業内の専門分野を統合することに対する、インセンティブを設定することが必要であり、公的部門が基準設定や市場公開に対して積極的な介入を行うことが必要である。民間に対する非介入を前提としリーダーシップを取らないことがあるが、企業や個人が転換期による投資意欲・自信喪失の時期には、政府による初期投資が必要であると考える。

　例えば、時限付きの市場整備（能力市場の評価設定や外部機関のサポートに対する補助など）政策を行い、共有資産を形成した後には蓄積されたノウハウを公開（E-Learningなど）することで専門家育成のためのサポートといった方策が考えられる。

注
1）財務省（旧大蔵）が刊行する「法人企業統計調査」の四半期推移。
2）早川征一郎　02『月刊全労連』2002年2月号、No.61。

3) 企業人事研究所　03　http://home.catv.ne.jp/hh/kigyouji/kigyoujinji_021.htm。
4) 大竹文雄　'02　関西経協　2002年12月号。
5) 日本労働研究機構　H10　構造調整下の人事処遇制度と職業意識に関する調査　図11 http://www.jil.go.jp/statis/doko/h1006/1006.htm。
6) 内部労働市場の重視は、小池和夫が著書『仕事の経済学』において、企業の「人的資源蓄積」への大きな役割を果たしたことや、年功序列による賃金カーブを可能とした事などのメリットをもたらしたとする解説がある。
7) 内閣府、2001年、総合規制改革会議（労働WG）　4労働市場の構造改革に適した雇用面のセーフティーネットの整備、http://www8.cao.go.jp/kisei/giji/003/ex4.html。
8) 各社、2000年度、決算報告書・アニュアルレポート参照。
9) 総務省「科学技術研究調査報告」より抜粋。
10) 現行制度は、開発者自ら製造所を保有することが前提であるが、現行の製造業を「製造行為」と「元売行為」に分離し2005年以降全面製造委託が可能に。
11) R.Sキャプラン（桜井通晴訳）「戦略バランスト・スコアカード」、2000年。
12) 武内、1997年「ホワイトカラーの努力インセンティブと人事政策に関する一考察」当時の指導教官でおられた阪大、辻先生、松繁先生にこの場お礼を申し上げたい。
13) 伊藤・照山、1995年。
　Note1：R…努力レベルによらない定数、Note2：P…高い業績を得る確率。
　Note3：WH-WL…努力の結果決まる高賃金と低賃金の差。
14) Factor Analysis：アンケート分析の統計分析手法の1つ、1つの決定要素に複数の要が相互に影響する場合に、各々の要因（Factor）の関連性を見る。
15) アンケート結果のプロビット分析の結果から有意とした事項。
16) 楠木建、1998年、一橋大。
17) 1999年、有賀健「人的資源管理の制度改革」。
18) P2M：プロジェクト＆プログラムマネジメントのための人材として、特定非営利活動法人である「プロジェクトマネジメント資格認定センター」が認定する資格制度
19) （邦題「ゆたかな社会」(1985) 鈴木哲太郎訳）ご存知かもしれないが、原著の初版は1958年に刊行され、その後2版、3版と追加／削除が行われた書である。)。

参考文献

小池和男「ホワイトカラーの人材形成」東洋経済新報社、2002年。
小池和夫「仕事の経済学（第2版）」東洋経済新報社、1999年。
青木昌彦「企業の経済学」岩波新書、1985年。
猪木武徳「転職」の経済学　東洋経済新報社、2002年。
島田晴雄「労働市場改革」東洋経済新報社、1997年。

Leibenstein「INSIDE THE FIRM」Harvard University Press、1987年。

櫻井通晴「戦略バランスト・スコアカード」、2002年。

大竹文雄「なぜ市場重視の成果主義賃金制度の導入が進むのか」関西経協、2002年。

松繁寿和「人事処遇制度変革は何を変化させ今後さらに何を変えようとしているか」大阪大　OSIPP、2002年。

石田光男「ホワイトカラー労働の研究方法論」同志社大、2001年。

玉井芳郎「労使関係論の今日的展開と部門の業績管理」同志社大、2002年。

大津章敬「間違いだらけの成果主義」名南経営センター、2001年。

林敏俊彦「アメリカ経済史入門」、2003年。

ヘイコンサルティング「コンピテンシーと職能資格要件」、2002年。

PWCコンサルティング「ヒューマンキャピタルマネジメントの潮流」、2001年。

内閣府　国民生活審議会総合企画部会「雇用・人材・情報化委員会（第2回）議事録」、2002年。

財務省「法人企業統計調査」四半期推移、2002年。

大薬協「医薬品製造業　産業雇用高度化推進事業報告書」、1996年。

日本労働研究機構「構造調整下の人事処遇制度と職業意識に関する調査」、1999年。

索　引

AIRC　23
AWAs　20
BEI　97
BSC　139
Competence at Work　93
E-LEARN（ING）　158, 162
ERP　138
HRM　122
MR　135, 143, 144, 148
NPO　50, 59

【ア行】
青色発光ダイオード訴訟　31
一極集中　45, 56
イノベーション　152
医薬業界　134
因子分析　142
インセンティブ　12, 63
オーストラリア職場協定　20
オーストラリア労使関係委員会　23

【カ行】
外的要因　56
加工組立型産業　49
霞ヶ関　117, 118
環境モデル　79
企業収益　125
企業誘致　49, 50
規制緩和　51
キャリアシステム　117, 118, 119
行政権限　48
業績評価　106, 107
競争力　45
高画質印刷技術（LBP）開発　31
公共投資　42

交渉代理人　24
構造改革特区　61
構造転換　56
公務員人事制度改革　90
行動特性　91
高業績者　91, 97, 98
国際競争力　47
国務省　93
個別的労使関係　24
コミュニティビジネス　50, 70
雇用吸収力　49
雇用契約期間　12
雇用システム　36
雇用の安定　15
雇用擁護官　21
コンセプトチャンピオン　153, 154
コンセンサス　62
コンピテンシー　90, 91, 92, 93, 94, 95, 96
コンピテンシー・ディクショナリー　92

【サ行】
財政赤字　48
産業活性化　49
産業競争力　45, 47, 53
産業構造　45, 65
シェアード化　135, 136, 151
市場重視型成果主義　127, 147
事務事業　76
事務事業評価　95
社内スペシャリスト　153
就業規則　5, 12
終身雇用制　56
集団の雇用管理　12
昇格　103

昇進　103
情報関連産業　49
情報戦略　137
少量多品種型　45
奨励金　49
職位　96
職種　111
職種別格差　148
職業選択理論　78
職能資格　2
職能資格制度　2
職務給　1
職務発明　17
職階制　7
ジョブシェアリング　57
人工甘味料訴訟　31
人材の個別管理　3
新産業　49, 50
人事制度改革　122
人事労務　25
人的資源　41
人的資本　148, 150
スピンアウトベンチャー　12
成果主義　56
成果主義人事制度　128, 129, 140, 141
成果主義賃金　130
設備投資　42
先端技術型産業　49
先端産業　49
専任職　101
専門職　101
総合計画　95
【タ行】
大量生産型　45
地域運営　48

地域間格差　49
地域間競争　41, 49
地域経済　41
地域経済活性化　49
知的財産　10, 46, 51
地方分権　48
中央集権　48
賃金反応度　143, 148
適材適所　103, 113
特許権　35
トラブル調整　36
努力インセンティブ　140, 142, 144
【ナ行】
内部労働市場　129
日本的能力主義　146
パーソナリティ・タイプ　79
【ハ行】
ハロー効果　115
光ディスク訴訟　31
非正社員　15
ファブレス化　135, 151
付加価値　45
複線型人事管理制度　29
フラッシュメモリー開発　32
プレゼンス　59
プレゼンスアップ　60
プロジェクト（化）　153, 155, 157, 160
ベースアップ　124
ベンチャー企業　50
【マ行】
マクレランド　93
【ヤ行】
豊かな時代　131
【ラ行】
立地補助金　49

労使慣行　*12*
労使協議会　*24, 25*
労使協定方式　*16*
労働移動　*131*
労働協約　*5, 12*
労働契約　*5*

労働集約型　*45*
労働生産性　*47*
【ワ行】
ワークシェア　*59*
ワークシェアリング　*57*

■執筆者紹介（＊は編著者、執筆順）

＊野瀬　正治　序章・第1章担当
　　（奥付参照）

　河野　俊明　第2章担当
　　1960年　生まれ
　　大阪大学大学院経済学研究科修士課程修了
　　修士（経済学）
　　株式会社住友銀行（現三井住友銀行）入行後
　　株式会社日本総合研究所へ出向、
　　現在　研究事業本部　主任研究員　新社会経済クラスター長

　太田　康嗣　第3章担当
　　1959年　生まれ
　　大阪大学人間科学部卒業
　　東レ株式会社を経て、
　　現在、日本総合研究所研究事業本部　主任研究員
　　専門分野：地方行政改革、行政マネジメント

　山中　俊之　第4章担当
　　1968年　生まれ
　　東京大学法学部卒業
　　英国ケンブリッジ大学修士（開発学）
　　外務省を経て、
　　現在、日本総合研究所研究事業本部　主任研究員
　　専門分野：行政の組織、人事マネジメント改革

　武内　宏之　第5章担当
　　1969年　生まれ
　　大阪大学大学院国際公共政策研究科博士課程前期課程修了
　　修士（国際公共政策）
　　住友化学工業株式会社経営企画部門を経て、
　　現在、日本総合研究所ERP事業部　SAP　R／3コンサルタント

■編著者紹介

野瀬　正治

1956年　生まれ
大阪大学大学院国際公共政策研究科博士課程修了
博士（国際公共政策）
株式会社日本総合研究所主任研究員を経て、
2001年　関西学院大学社会学部助教授
現　在　関西学院大学大学院社会学研究科・社会学部助教授

主な著書
『新時代の個別的労使関係論』（単著）晃洋書房、2004。
『新時代の労働と地域経済』（共著）関西学院大学出版会、2002。
「未熟練外国人労働者受け入れ制度の問題点について―未熟練労働者の在留資格に関する国際的視点からの考察―」『Japan Research Review』Vol.9 No.8、日本総合研究所、1999。

人的資源管理のフロンティア

2004年6月25日　初版第1刷発行

■編著者――野瀬　正治
■発行者――佐藤　守
■発行所――株式会社大学教育出版
　　　　　〒700-0953　岡山市西市855-4
　　　　　電話(086)244-1268㈹　FAX(086)246-0294
■印刷所――互恵印刷㈱
■製本所――㈲笠松製本所
■装　丁――ティーボーンデザイン事務所

Ⓒ Masaharu Nose 2004, Printed in Japan
検印省略　落丁・乱丁本はお取り替えいたします。
無断で本書の一部または全部を複写・複製することは禁じられています。

ISBN4-88730-568-0